Striesener »Würfel«
Luftaufnahme von Osten, etwa 1932
Unten die Altenberger Straße, nach Norden von links nach rechts: Wittenberger Straße, zwischen Augsburger und Eisenacher Straße der Hermann-Seidel-Park, dann die Niederwaldstraße, im Hintergrund Blasewitz und die Elbe.

Glasewaldstraße 51

Striesen

Aus der Geschichte eines Dresdner Stadtteils

Aufgeschrieben
von Annette Dubbers

unter Mitwirkung von
Jenni Dubbers, Friederike Kübler,
Gerd Hiltscher, Jochem Mosch

Herausgegeben
von der Interessengemeinschaft Striesen
und dem Umweltzentrum Dresden e.V.

mit freundlicher Unterstützung
der Kunst- und Kulturstiftung der
Stadtsparkasse Dresden,
der Körberstiftung, Hamburg,
der UNIPROF Aktiengesellschaft Stuttgart,
der f6 Cigarettenfabrik Dresden GmbH
von Dr. Krüger Immobilien, Dresden,
des Kulturamtes der Stadt Dresden,
des Architekturbüros Peter Bauckhage
Dresden und Pirna

Von Pferdnern, Halbhufnern, Tagelöhnern und den Leuten aus dem Rattenpalais

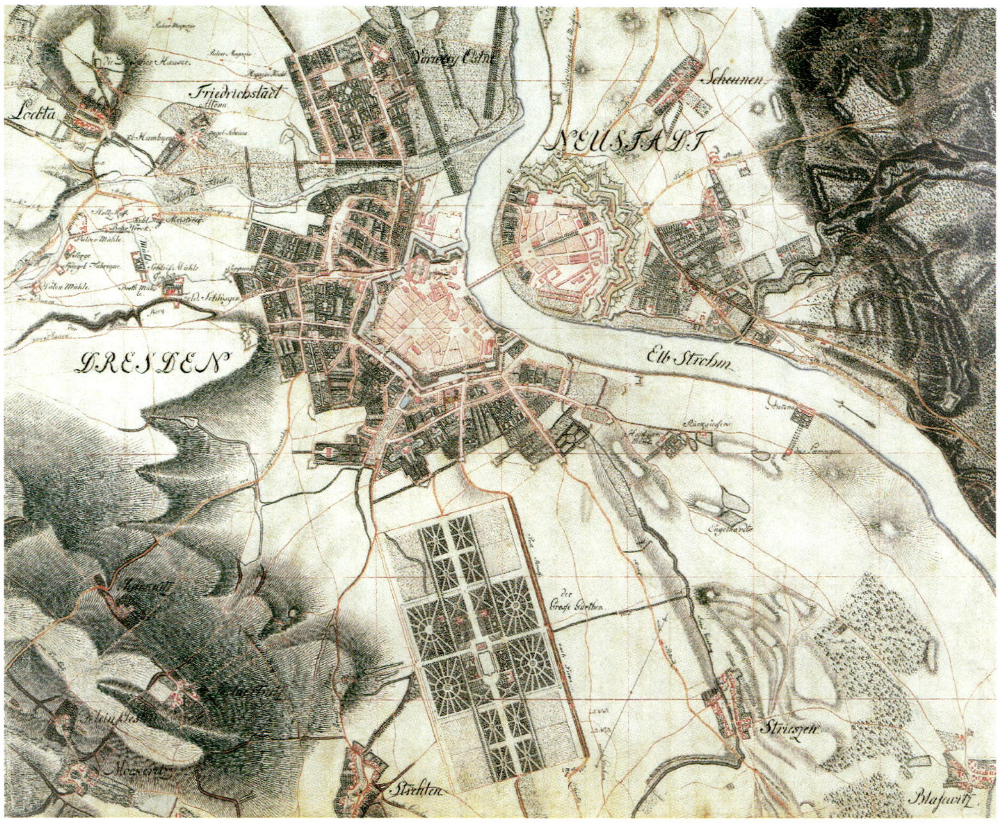

Striesen 1784, aus Blatt 236 der Sächsischen Meilenblätter
Eine halbe Fußstunde von Dresden zwischen dem Großen Garten und der Elbe lag Striesen nahe der Straße nach Pillnitz, der heutigen Schandauer Straße. Sumpfige Niederungen und sandige Hügel umgaben das Dorf. Ein Graben schlängelte sich in Richtung Dresden und mündete nahe des heutigen Sachsenplatzes in die Elbe. Die Sümpfe wurden nach 1860 entwässert, der Landgraben nach Blasewitz verlegt. Die Berge trug man ab. Ihr Sand wurde »verpfundet«, meist an Bauwillige der Gegend.

Erste zweifelsfrei verbürgte Kunde aus Striesen gibt ein Eintrag im Lehnbuch Friedrichs des Strengen, Markgraf von Meißen. Es wurde demnach im Jahre 1350 der Dresdner Bürger Ulrich Große mit einem Vorwerk im Dorfe Striesen belehnt. Man nimmt an, daß es auf dem Terrain der heutigen Merseburger Straße lag. Später wurde es wieder und wieder geteilt. Die Besitzer der nun viel kleineren Wirtschaften tauchen als »die Forwerksleute« in späteren Urkunden immer wieder mal auf.

Bis zur Reformation unterstand Striesen dem Domstift zu Meißen. Danach gehörte ein Teil des Dorfes zum Rat der Stadt, ein Teil zum Kurfürstlichen Amt zu Dresden. Beide forderten Abgaben, Fron- und Wehrdienste. 1445 hatte »stresan« 10 waffenfähige, d.h. junge Männer, 4 Armbrüste und 6 Spieße zur Landesverteidigung zu stellen. Belegt ist auch, daß ein Bauer Koschmann, Forwerksbesitzer in Striesen, der Stadt Dresden mit einem Wagen und drei Pferden Transportdienste zu leisten hatte. Eine Zählung aus dem Jahre 1608 nennt 14 Pferdner, 7 Halbhufner, »so keine Pferde haben«, 11 Gärtner und 10 Häusler ohne jeden Landbesitz.

Als der Dreißigjährige Krieg begann, gab es 46 Haushalte, die 23 Hufen Land bewirtschaften. Von dessen Gewalten, die rings um das Dorf Tod und Verwüstung brachten, blieb Striesen auf wundersame Weise fast verschont. Im nahen Gruna brannten die Holkschen Jäger 1632 alle Bauten »bis uff Peter Kirbessen Scheune und Ställe« nieder. In Seidnitz starben fast alle Männer, Vieh und Pferde wurden von dem »Langen Vitzthumschen Volke« genommen. Im Dörfchen Tolkewitz rissen die Landsknechte die Häuser ein und bauten Schanzen aus ihren Brettern, Balken und Steinen.

Die Striesener hingegen gaben auf eine amtliche Befragung zu Papier, daß nichts abgebrannt, keine Güter und Häuser unbewohnbar seien. Man sei jedoch in den 44 Häusern sehr verarmt, denn außer Kriegsbedrängnis gebe es noch andere Nöte, vor allem Wildschaden und Mißwuchs.

»Striesen, wo liechtn das, is denn da was zu machen?«, konnte leicht hören, wer sich in der Residenz nach dem Dorf erkundigte. Die Dresdner hatten kaum Grund, den unsensationellen Ort hinter den Sandhügeln, morastigen Gründen, Feldern und Kiefern zu besuchen. Bei Hofe aber rief der Name sofort Erinnerungen wach. Das waren keine guten. Der Weg des Kurfürsten nämlich zu den Sommeraufenthalten und Festen in Pillnitz führte hügelauf und -ab, durch Sandwolken oder radtiefe Pfützen, schließlich mitten durch Striesen. An der heutigen Geisingstraße machte die damalige Pillnitzer Landstraße einen Knick, und ab ging es im Zickzack durch das Dorf. Und da wurde es vollends ungemütlich. »Das Steigen und Fallen der Straße wegen des durch das Dorf gehenden Landgrabens machte die Passage allzeit hinderlich und unbequem. Wegen der Tiefenlage und vielfältigen Zusammenläufe des Wassers, desgleichen deren Unreinlichkeiten aus deren Bauernhöfen gab es immerwährendes Reparieren und Ausräumung«, ist in einem Wegebericht des Sächsischen Hofes, die »Fahrten durch das Dorf Striesen in Richtung Pillnitz betreffend«, zu lesen.

Das Dorf um 1800

Bis ins Jahr 1813 gingen die Jahrzehnte und Jahrhunderte fast ohne Spuren über Striesen hin. Immer mag das Dörfchen ausgesehen haben, wie Adrian Zingg es um 1800 sah. Die Häuser – einstöckig, aus Lehmfachwerk und mit Stroh gedeckt – standen mit den Giebeln zu den drei Gassen oder dem rechteckigen Dorfplatz. Auf dem war der Dorfbrunnen, bei dem es Wasser für Mensch und Vieh und immer die allerersten Neuigkeiten gab. In mehreren Teichen mitten im Dorf hatten Gänse und Enten ein gutes Leben.

Zwei Dörfchen, so geht die Legende, gab es in alten Zeiten auf heutigem Striesener Gebiet. Grunprabschütz soll etwa da gelegen haben, wo sich heute die Altenberger und die Schandauer Straße kreuzen. Seine Geschichte endete schon 1310. Räuber sollen es überfallen, die armseligen Lehmhütten ausgeraubt, zerstört und angezündet, die Bewohner erschlagen oder vertrieben haben. Nur ein wüster Flecken blieb zurück, und irgendwann waren auch seine Spuren verweht.
Warum die Banditen Stresen (slawisch: Ort eines Streza), das es eine viertel Meile westlich schon gegeben haben muß, verschonten, weiß keiner zu sagen. Vielleicht war man dort wirklich mehr auf der Hut als die Nachbarn, denn Streza heißt deutsch »Wächter«. Anzunehmen ist, daß die Kunde vom Gemetzel die Leute das Grausen lehrte. Irgendwann aber soll der praktische Sinn gesiegt haben. Man nahm sich die brachen Felder der toten Nachbarn als die eigenen, säte Hafer, Hirse und Rüben oder was sonst noch auf dürftigem Sande gedeiht. So etwa könnte es gewesen sein, erzählten sich die Ahnen, eine Generation der nächsten. Einer schrieb es auf. Verbürgt ist es nicht.

1768 hatte der Kurfürst derlei Strapazen satt. Er ließ oberhalb des Ortes (zwischen Geising- und Bergmannstraße) eine Umgehungsstraße bauen. Ein Schlagbaum an dieser »fiskalischen Landstraße« sorgte jahrzehntelang dafür, daß außer den Kutschen und Lastwagen des Hofes alle anderen weiter durch Striesen holpern mußten.

Die Dorfreichen – Bauern, die Pferde hatten, Kühe, Schweine und höchstens zwei Kinder – wohnten mehr im westlichen Striesen. Der reichste, Hans Schindler, hatte bei einer Zählung 1708 zwei Pferde, acht Kühe, zwei Schweine im Stall. Bescheidener waren die Güter der Halbhufner (auch Gärtner in Urkunden genannt), die sich um den Platz scharten. Mehr nach Blasewitz und Gruna zu standen die windschiefen Katen der Häusler. Sie alle hatten nicht Gut noch Geld, aber – so weisen Zählungen aus –, die meisten Kinder im Dorf. Dann gab es zwischen zwei Teichen mitten auf dem Platz noch das Armenhaus, von den Leuten »das Rattenpalais« genannt.

Wirklich reich war keiner, aber ein seltsamer Kastengeist, so ist überliefert, durchwehte den Ort. Der Pferdner sah auf den Halbhufner, der auf die Tagelöhner, und diese hatten noch die Leute aus dem Rattenpalais unter sich. Ungeschriebene Gesetze sorgten dafür, daß sich in der Schankstube kein Knecht zum Bauern setzte, kein Halbhufner bei einer Landversteigerung mehr bot als ein Gutsbesitzer von der Geisingstraße. Vielleicht hing es mit der Abgeschiedenheit des Ortes zusammen, daß solche Enge war.

Waren wirklich mal amtliche Neuigkeiten zu verkünden, machte das der Heimbirg. Er zog von Haus zu Haus, schlug mit seinem Knüttel an die Hoftore und sagte den Leuten die neuesten Nachrichten an. Gemeindebote wurde jedes Jahr ein anderer. So war es keinem zuviel. 1844 war der Heimbirg »unschicklich« geworden und wurde abgeschafft.

Statistisches

1708 gab es in Striesen 69 Haushalte: 28 Bauern und Gärtner, 22 Tagelöhner, auch Häusler genannt, neun Handwerker, acht Häuslerwitwen, zwei Dresdner Hofröhrenmeister. Man hatte schon damals ganz heutig klingende deutsche Namen wie Franz Vogel, Hans Fehrmann, Peter Grahl, Hans Kirbe.
24 Familien hatten nur ein Kind, 15 zwei, 6 drei, 8 Familien hatten vier bis sieben Kinder.
Unter den Bauern hatten 7 zwei Pferde, 10 je ein Pferd, 15 Bauern hatten Knecht oder Magd.

Wind und Wasser

Die Mühlen bei Striesen etwa 1785
Die Mühlen bei Striesen und das Haus des Müllers, vorn der alte Landgraben, im Hintergrund die Türme Dresdens. Den etwa zehn Meter hohen Berg, eine Anhäufung von Sand, auf der die Mühlen ihre Flügel drehten, vergaß der unbekannte Künstler leider zu zeichnen.

Durch Sandgruben und über Hügel führte einst der Weg aus der Stadt nach Striesen. Der größte »Berg«, der »Lesehübel« (etwa an der Wartburg-, Hutten-, Dürerstraße), hatte die Höhe eines einstöckigen Hauses. Um bei Trockenheit Mehl für die Stadt zu sichern, ließ Kurfürst Friedrich August III. zwischen 1784 und 1788 vier Windmühlen, Haus, Schuppen und Brunnen für den Müller bauen. Die Striesener waren mehr als zufrieden über die neue Anlage, sparte sie ihnen doch den weiten Weg zur alten Schiffsmühle nach Laubegast, die so anfällig war, daß man mit seinen Kornsäcken oft unverrichteterdinge wieder heimfahren mußte.

Oben auf dem Mühlenberg hatte man damals einen schönen Blick zum Weißen Hirsch, zu den Elbhängen und zur Sächsischen Schweiz. Auch nach Gruna konnte der Müller sehen, von wo 1784 die große Flut der Elbe auf Striesen zubrauste. Bis zwei Meter hoch stieg das Wasser im tiefer liegenden nördlichen Teil. Nur noch die Strohdächer markierten die kleinen Häuser. Mensch und Vieh waren auf den Windmühlenberg oder eine Anhöhe nahe des heutigen Friedensplatzes geflüchtet und beobachteten das Steigen und Fallen der Fluten.

Mit Überschwemmungen hatten die Dorfleute leben gelernt. Das Dorf lag an einem alten Elbarm. Immer mal trat der Fluß bei Tolkewitz aus seinem gewohnten Bett, ergoß sich über Seidnitz und Gruna nach Striesen, wo man deswegen seit Menschengedenken die Wohnstuben mit den Öfen im ersten Stock einrichtete. Weit darüber standen die Wasser in Teilen des Ortes im März 1845, der höchsten bekannten Elbflut. Nur durch Bodenluken retteten sich die überraschten Einwohner auf schnell aus Dresden herbeigeschaffte Kähne. Zurückgebliebene Elbfische fingen sie sich noch Jahre später mit Weidenkörben in den Dorfteichen.

Das Gasthaus zum Windmühlenberg an der Gluckstraße gehört zu den ganz wenigen alten Striesener Wirtshäusern, die es noch heute gibt. Als die Broschüre entstand, wurde das Haus vom Keller bis zum Dach saniert (Aufnahme von 1905).

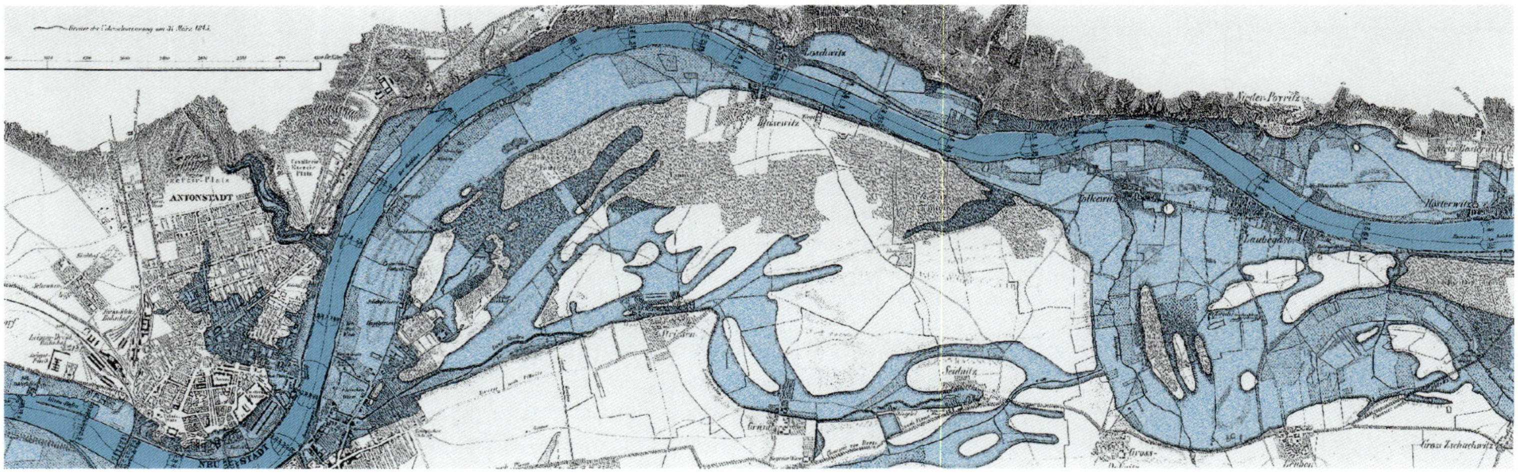

Karte des Hochwassers vom 31. März 1831
Der Fluß konnte die heranbrausenden Schmelzwasser nicht fassen und entließ sie in sein uraltes, längst zu Feldern, Wald und Dörfern gewordenes Bett. Ganz Laubegast und Tolkewitz, die nördlichen Teile von Seidnitz, Gruna und Striesen wurden meterhoch überflutet. Wassergrenze im Süden war über weite Strecken der Landgraben.

Windmüller auf dem Windmühlenberg gab es damals schon lange nicht mehr. Der letzte war Johannes Gottfried Reinhold. Die Mühlen verbrannten 1813 in der Schlacht zwischen napoleonischen und russischen Soldaten. Die Steine waren für Barrikaden verschleppt worden. Der Kurfürst, nun König von Sachsen, hatte kein Interesse, den Wiederaufbau zu fördern. Ihm gefiel der Berg mit seinen reichen Hasen- und Rebhuhnbeständen besser als Jagdrevier. Bettelarm und vor Kummer geisteskrank geworden, verließ der Müller 1818 mit seiner Familie den Berg.

Schlehdornhecken und Kiefern wuchsen. Dazwischen stand später für eine Weile ein kleines Gasthaus, der »Kuchengarten«, zu dem die Dresdner der schönen Aussicht wegen sonntags gern pilgerten. Um 1860 wurde gebaut im Gebiet, den Windmühlenberg trug man ab. Nur das Gasthaus mit seinem Namen erinnert heute an solche Geschichten.

Der Landgraben, vermutlich um 1300 künstlich zur Entwässerung und zur Abführung von Elbhochwassern angelegt, plätscherte durch Striesen der Elbe zu. Nach 1860 wurde er verlegt und fließt heute parallel zur Lauensteiner Straße bis zum Niederwaldplatz, macht dort einen Knick und mündet in Blasewitz zwischen Heinrich-Schütz- und Tauscherstraße in die Elbe.

Die apokalyptischen Reiter ziehen durchs Dorf

Es schien, als würde eine unsichtbare Hand Zerstörung und Kriege, die in den Jahrhunderten Leid und Not über Sachsen brachten, von Striesen abwenden. Dann aber kam das Jahr 1813, als die Schlacht um Dresden tobte und das Dorf ganz und gar zerstört wurde. Russen hatten sich im Ort verschanzt und verteidigten ihre Stellungen hartnäckig gegen die Franzosen. 42 Stunden wurde ununterbrochen gekämpft. Einwohner, die nicht fliehen konnten, waren erschlagen worden. Den Zurückgekehrten war nichts als ihr Leben geblieben. Nur ein Wohnhaus, ein Seitengebäude und die Dorfschmiede standen, als die apokalyptischen Reiter weiterritten.

Auf den Grundmauern ihrer zerstörten Gehöfte bauten die Einwohner das Dorf unter großen Mühen wieder auf. Zuerst die Ställe für das Vieh, später die Wirtschaftsgebäude und zuletzt, oft nach Jahren, wurden die Wohnhäuser fertig. Hilfe kam vom sächsischen König, der den Dorfbewohnern die Steine der Mauern um den Großen Garten und Holz aus den Wäldern um Königsbrück kostenlos überließ. Hilfe kam auch aus England, das 22 000 Taler für Striesen, als die am schwersten vom Krieg betroffene Gemeinde in Sachsen, spendete.

Das einzige übriggebliebene Haus von Altstriesen. Im Jahre 1813 war sein Dach noch mit Stroh gedeckt.

Abbildungen oben:
Russische Artillerie auf dem Windmühlenberg und Gemetzel auf Striesener Flur, im Hintergrund die Türme Dresdens

Aus den Aufzeichnungen
des Striesener Lehrers Arlt, stark gekürzt:

24. August 1813, Sonntag nachmittag
Die Einwohner Striesens standen in Gruppen vor ihren Häusern am Dorfplatze. Sie freuten sich der Sonntagsruhe, da erscholl plötzlich vom Petermannschen Schankgute her der Ruf „Die Kosaken kommen".

25. August 1813
Vom Windmühlenberg feuerte den Eindringlingen französische Artillerie entgegen ... Schon nach der dritten Granate, es war zwischen 7 und 8 Uhr, schlugen aus einer Scheune die Flammen empor, und bald brannten 8 Gebäude ... Die Bewohner suchten zu löschen, so gut sie es vermochten, wurden aber mehr und mehr von den eindringenden Russen zurückgetrieben und arg mißhandelt. Die Soldaten brachen in die Häuser ein und schleppten heraus, was sie erreichen konnten ...

26. August 1813
Reihenweise wurden die todesmutigen Russen von den Franzosen niedergemäht. Da fingen zum Unglück die auf dem Berge stehenden Windmühlen Feuer, und zur gleichen Zeit flogen mehrere russische Pulverwagen in die Luft. Jetzt gab es kein Halten mehr. Die Russen mußten sich mit ihren Geschützen und den verbliebenen Mannschaften nach dem Dorfe Striesen zurückziehen. Zugleich drang französische Artillerie vom Landgraben in das Dorf vor. Ein furchtbares Ringen, Mann gegen Mann, entstand. Da zündeten die Franzosen, um die Russen besser vertreiben zu können, ein Haus nach dem anderen mit brennenden Strohwischen an. Darüber heulten und zischten platzende Geschosse vom Windmühlenberg her. Und mittendrin, in Kampfgewühl und Feuersglut, die armen verängstigten Dorfbewohner ...
Zwischen den feindlichen Heeren ... suchten mehrere Einwohner nach der Heide und dem Blasewitzer Tännicht in Verstecke zu entkommen. Es gelang wohl auch. Andere, die nach Tolkewitz hin flohen, fielen den Russen in die Hände, die sie rein auszogen und aufs ärgste mißhandelten ...

28. August 1813
Das ganze Dorf lag in Schutt und Asche. Viele Einwohner waren erschlagen, halbnackte Kinder irrten umher und suchten ihre Eltern. Die Umgebung glich einem Leichenfelde. Tausende von Toten lagen in Feldern, Gärten und Gehöften. Das Schmerzensgeschrei der Verstümmelten verhallte ungehört. Die Felder, auf denen zuvor eine goldige Ernte gewogt hatte, waren verwüstet und zerstampft.

Fast unverändert blieben große Teile des 1813 wiederaufgebauten Striesens bis zur Zerstörung 1945

Der Markgraf-Heinrich-Platz, der alte Dorfplatz von Striesen

Das Fiedlersche Gut
war der letzte wirkliche Bauernhof in Striesen. Hier auf dem Hofe seiner Großeltern verlebte der Volkskundler Dr. Alfred Fiedler seine Kindheit. Hier freute er sich am Gezänk und Geturtel der Tauben, und er litt Höllenqualen, wenn er Pferdegespann und Wagen mitten durch die Stadt, an Frauenkirche und Fürstenzug vorbei, zu den weit im Ostragehege liegenden Feldern kutschieren mußte. Rechts im Bild der Junge mit der Milchkanne ist Alfred Fiedler, Foto von 1916.

Geisingstraße
In Altstriesen standen die Häuser mit dem Giebel zur Straße. Das ist typisch für sorbische Ansiedlungen, die es im frühen Mittelalter im ganzen Elbtal gab.

Markgraf-Heinrich-Straße, heute Rosa-Menzer-Straße, Kusches Schuhwarenlager

links darunter:
Merseburger Straße
In Nr. 6 war »Reuters Restaurant mit Garten«, schräg gegenüber bietet Schlosser Märzdorf seine Dienste an: Bauarbeiten, Gaseinrichtungen, Reparaturen. Aufnahme 1897

Altstriesen 24, Schmied Niederschuh

Der Ratskeller von Altstriesen
Drei Kanonenkugeln, als Erinnerung an die Zerstörung von 1813, hatte der Besitzer in den Giebel des rechten Hauses eingemauert.

rechts: **Petermannshof im Prinzengäßchen**
In einer alten Anzeige von 1883 konnte man lesen: »Friedrich Petermann (unmittelbar neben dem Gasthof zum Sächsischen Prinzen) empfiehlt einem geehrten Publikum von hier und Umgegend seine eleganten Wagen für Spazier-, Hochzeits- und Kindtaufsfuhren zur gefälligen Benutzung. Billige Preise und prompte Bedienung.«

Glaser Adam baut auf dem Sande

Das erste Haus Neustriesens stand an der späteren Teutoburgstraße 4. 1945 wurde es zerstört. Später baute man an der Stelle zwischen der Mensa der Medizinischen Fakultät und einer kleinen Pension ein Häuschen mit einer Wäscherolle für die Mitglieder der Wohnungsgenossenschaft Johannstadt.

Kaum mehr als 70 Häuser hatte Striesen noch vor 150 Jahren. Nun aus Stein, statt aus Lehm, mehr und mehr mit Ziegeldächern, duckten sie sich dicht aneinander – ein festes Gefüge, das den Bewohnern Schutz und Geborgenheit der Gemeinschaft gab. Und die war auch in Striesen mal hilfreich und solidarisch, mal zänkisch, mißgünstig und grausam. Auf die Idee, auszuziehen, als Einsiedler in den Feldern ein unabhängiges Leben zu führen, kam keiner ...

... bis zu jenem Sommerabend im Jahre 1856. Da tagte in der Küche vom »Sächsischen Prinzen« der Gemeinderat. Ihm eröffnete Glasermeister Adam aus alteingesessener Striesener Familie, er habe »drüben auf dem Sande«, fast am Weg nach Blasewitz, ein Stück Land gekauft und werde dort bauen. Alles in allem für 100 Taler – Haus und Grund. Das überstieg die Phantasie der Dorfweisen. Alle lachten. Am nächsten Morgen lachte das ganze Dorf über die schrullige Absicht des Kauzes.

Der Glaser baute trotzdem, das spätere Haus Teutoburgstraße 4. Er nannte es »Adams Ruh«. Und seinen Frieden hatte er dort wohl auch einige Jahre. Nur ganz schüchtern bekam er Gesellschaft: sieben Jahre später mit dem Haus »Bergels Ruh«, dem späteren »Kaisergarten«, der ersten Gastwirtschaft Neustriesens an der Huttenstraße 1.

Amerikanische Straßen in Neustriesen

Der Residenz, der Striesen unterstand, war das wilde Bauen ein Dorn im Auge. 1860 mußte Stadtgeometer Lehmann einen Bebauungsplan aufstellen, der später mehrmals verändert wurde. Schon 1870 gab es einen zweiten Bebauungsplan: Nur offene Bebauung war zugelassen. Die streng am Reißbrett entstandenen Straßen führten nach geometrischem Raster von Ost nach West, von Nord nach Süd. Weil dem Gemeinderat bald keine geeigneten Namen mehr einfielen oder es immer öfter zu Verwechslungen mit Dresdner Straßen kam, beschloß er auf seiner Sitzung am 12. Juli 1873 die Straßen nach amerikanischer Weise zu benennen. Die Längsstraßen bekamen Buchstaben: A (Kyffhäuser Straße), B (Eisenacher Straße, C (Augsburger Straße), ... J (Borsbergstraße). Nummern erhielten der Reihe nach die Querstraßen: 1 (heutige Huttenstraße) bis 17 (Altenberger Straße). 20 Ellen, etwa 11 Meter, sollten sie breit werden, und diese Platzverschwendung erhitzte die Gemüter der Striesener noch Wochen.

Heiß wurde diskutiert, ob denn die Gänse, Enten und Schafe, die damals frei herumliefen, das Gras auch erfressen könnten. Aber das war alles Theorie. In Wirklichkeit gab es die Straßen noch lange nicht. Jeder trat sich seinen Weg, meist durch die Felder, wohin er wollte.

Striesen – stadtverwiesen?

Vor allem arme Leute siedelten sich an. Kleine und große Gauner, auch Kriminelle, zog es in das neue Dorf, wo mancher den ganzen Sommer lang sein Bett nur im Kornfeld hatte. Die Polizeiakten berichten von Wegeüberfällen, Belästigungen und Saufgelagen. »Striesen – stadtverwiesen« ging das Bonmot. Die durch Landverkäufe zu Geld gekommenen Altstriesener sahen auf die »Hungerleider und das Diebsgesindel« aus der Stadt herab, die wiederum wollten mit den Kuhbauern nichts zu tun haben. Getrennt durch eine sumpfige Niederung, lagen da zwei fast feindliche Dörfer. Nur ein Pfad führte von einem zum anderen hinüber nach dem Blasewitzer Weg. Über den kam manch alter Striesener zum ersten Mal durch das neue Dorf auf dem schwarzen Leiterwagen, wenn es hinüberging zum »Weiten Feld«, wie der Trinitatisfriedhof damals noch hieß.

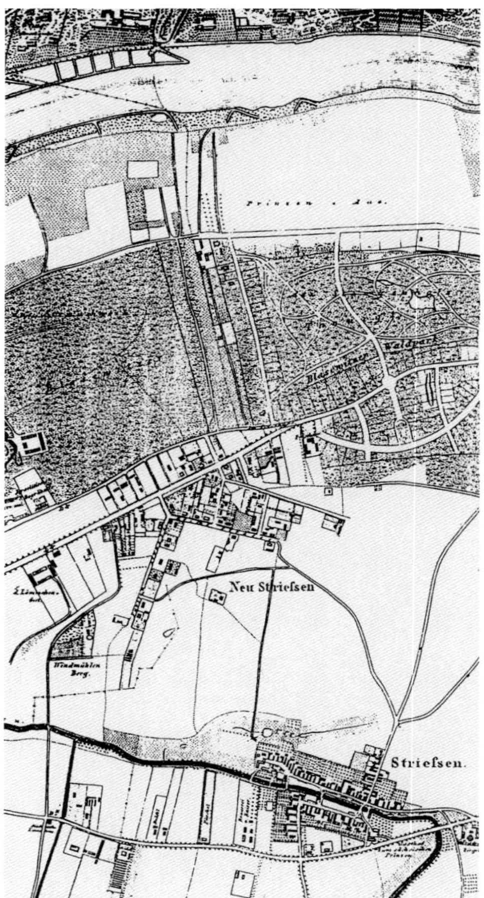

Zwei Dörfer
Nach und nach richteten sich Siedler auf den Feldern in der Gegend der heutigen Teutoburg-, Hutten-, Spenerstraße ein. Jeder baute, wo es ihm gefiel und wo er Land bekam, meist waren es bescheidene Häuschen, von den Leuten »Quetschen« genannt, auch größere Mietshäuser entstanden. So wuchsen zwei Dörfer, die sich lange nicht so recht mochten, Altstriesen und Neustriesen, dann doch erstaunlich schnell aufeinander zu. Karte von 1871.

Bauern werden Gründer

Nach dem Krieg von 1870/71 kam die Wirtschaft in Deutschland in Schwung wie nie. Es waren die sogenannten Gründerjahre, in denen Fabriken und Manufakturen wie Pilze aus dem Boden schossen. Junge Leute, Knechte und Mägde aus den Dörfern drängten in die Städte, ihr Glück dort zu versuchen. Die Wohnungen wurden knapp, die Mieten hoch und höher.

Nun wurde der einst verachtete Striesener Sand gleich vor der Sächsischen Hauptstadt zu Gold. Ein emsiges Bauen setzte dort ein. Die Bodenspekulation blühte, und manch armer Halbhufner wurde über Nacht zum reichen Mann. Viele zogen weg aus dem Dorf, ließen sich Häuser bauen in Blasewitz oder auf dem Weißen Hirsch. Andere bedienten als Fuhrunternehmer die zahlreichen Baustellen ringsum. Häuser, weder klein noch groß, weder schön noch häßlich, konnte man dort wachsen sehen. Auch feine kleine Villen entstanden, wie 1877 die sogenannten sieben gleichen Raben, alle nach Plänen des Baumeisters Raabe. Sie haben die Zeit und den Krieg überstanden und stehen noch heute am Barbarossaplatz zwischen Hübler- und Lene-Glazer-Straße.

Striesens vorbildliches Bebauungsstatut, das nur frei stehende Häuser vorsah, war schon 1889 mit dem Abriß alter Fachwerkbauten an der Nord-Ost-Seite des Dorfplatzes und dem Bau der Wettinhäuser, einer geschlossenen Häuserzeile, an selber Stelle verlassen worden. Damit war die Hemmschwelle durchbrochen. Im selben Jahr stellte das Dorf den Antrag auf Eingemeindung nach Dresden. Danach setzten sich im südwestlichen Striesen, beispielsweise an Teilen der Borsberg-, der Schandauer, der Haydn- oder Tittmannstraße geschlossene Häuserreihen durch, die aber nicht prägend für den Stadtteil wurden.

Altstriesen und Neustriesen wachsen zusammen
Rechts die Wettinhäuser mit den Porträts der sächsischen Fürsten. Sie wurden 1889 anläßlich des 800-jährigen Bestehens des Hauses Wettin eingeweiht, ebenso ein Denkmal auf dem Dorfplatz, der seine Originalität damit verlor.

Verkehrsknotenpunkt Barbarossaplatz um 1900

rechts:
Autovertretung der Firma Kreß
im ehemaligen Pferdestraßenbahnhof an der Schandauer Straße. Heute verkauft Renault an selber Stelle.

„Da konnte man Spekulanten sehen, das war ein Staat. Gespielt wurde am hellerlichten Tage mit Karten, daß die Goldstückchen nur so in Thürmchen standen, und langten sie nicht mehr, mußte man eben in die ›Kohlen fahren‹. Und wenn diese leer waren, kamen die Häuser und Grundstücke an die Reihe. Da wurde manches Grundstück gewonnen und wieder verloren, ohne daß sein jeweiliger Besitzer wußte, wo es überhaupt lag und aussah."
Aus den Erinnerungen des Striesener Lehrers Arlt

Gaslicht erhielt Striesen 1872
Die Striesener lieben ihre alten verschnörkelten Kandelaber, die noch bis in die siebziger Jahre durch Laternenwärter angezündet wurden. Als die Gaslaternen nahe des Fetscherplatzes um 1980 abgebaut wurden und vermutlich gegen Devisen verschwinden sollten, schafften es die couragierten Anwohner, das Geschehen rückgängig zu machen. Die Laternen kamen wieder in die Erde und durften weiter romantisch leuchten. Ein nicht ganz gewöhnliches Beispiel von geglückter Bürgermitsprache aus DDR-Zeiten.

Viele Jahre rumpelte der Pferdeomnibus dreimal täglich von der Tittmann- über die Blasewitzer Straße und von da in die Stadt zur Frauenkirche. Großeinkäufe erledigten die Striesener in der Stadt, und der Bus war eher fürs Gepäck als für die Passagiere da. Wer mitfahren wollte, mußte das tags vorher anmelden, wenn ihm ein Sitzplatz sicher sein sollte.

Dann wurden Schienen gelegt, und seit September 1890 pendelte die erste Pferdestraßenbahn zwischen der Friedrichstadt und dem Barbarossaplatz. Ab 1891 verkehrte eine zweite Linie zwischen dem Altmarkt und Striesen.

An Zugkraft war kein Mangel. Im Pferdebahnhof an der Ecke Geising-/Schandauer Straße standen 80 PS im Stall. 1901 wurden die Strecken elektrifiziert, die Gleise bis Tolkewitz und Laubegast verlegt. Die Firma Leonhard Kreß richtete eine Autoreparaturwerkstatt und -vertretung für Volkswagen und Hanomag in den einstigen Pferdeställen ein.

Drechslerei
von
MAX GUBNER.
Fabrik
für Thür- und Fenstergriffe.
STRIESEN
Strasse 3 Nr. 10.

Sommer-Fahrplan
der
Deutschen Strassenbahngesellschaft in Dresden.
Giltig vom 16. Mai 1894 an.

Linie I: Friedrichstraße—Striesen—Blasewitz, bezw. Maxstraße—Striesen (Barbarossaplatz).

Abzeichen der Wagen von der Friedrichstraße: Gelbe Stirn- und Seitenschilder; Abends vorn am Wagen **blaues**, hinten **rothes Licht.**
Abzeichen der Wagen von der Maxstraße: Gelbe Stirn- und Seitenschilder; Abends vorn am Wagen **weißes**, hinten **rothes Licht,**

ab **Friedrichstrasse:** von 7,00 V. bis 10,30 N. alle 10 Min.,	ab **Blasewitz:** a. bis **Friedrichstraße** von 8,00 V. bis 11,30 N. alle 10 Min.,
ab **Maxstrasse:** früh 5,16 bis 6,56 V. alle 10 Min, Abends 10,45 und 11,00 bis **Blasewitz.** Von 6,36 V. bis 9,6 N. alle 5 Min.* bis **Striesen** (Barbarossaplatz).	b. bis **Maxstraße** früh von 6,10 bis 7,50 alle 10 Min. und Abends 11,40 und 11,50; ab **Striesen (Barbarossaplatz):** von 7,18 V. bis 9,48 N. alle 5 Min. bis **Maxstraße.**

* Sonn- und Feiertags beginnt der 5 Minuten-Verkehr um 10,00 Vormittags und wird bis **Blasewitz** ausgedehnt.

Linie II: Theaterplatz—Schnorrstraße.

Abzeichen: Gelbe Stirn- und Seitenschilder; Abends vorn am Wagen **violettes**, hinten **rothes Licht;**

ab **Theaterplatz:** von 7,00 V. bis 12,00 V., 2,00 N. bis 5,30 N. und 7,30 N. bis 11,00 N. alle 10 Min., von 12,00 V. bis 2,00 N. und 5,30 bis 7,30 N. alle 5 Min.*	ab **Schnorrstrasse:** von 7,20 V. bis 12,30 V., 2,30 bis 6,00 N. und 8,00 bis 10,50 N. alle 10 Min., von 12,30 V. bis 2,30 N. und 6,00 bis 8,00 N. alle 5 Minuten.

Die Einlege-Wagen rücken vom Postplatz ein.
* Der 5 Minuten-Verkehr am Abend richtet sich nach dem Beginn des Königlichen Hoftheaters.

Fahrplan Schäferstraße – Striesen

Der Hermann-Seidel-Park
In »unwegsamer, wilder Gegend«, an der heutigen Ermel-/Eisenacher/Pohlandstraße legte Hermann Seidel seinen Rhododendrongarten an. Bei seinem Wegzug stiftete er ihn der Gemeinde Striesen. Die Stadt Dresden gestaltete 1920 einen Park. Wege mit schönen Sichtbeziehungen wurden angelegt, eine kleine Anhöhe, eine Mulde modelliert. Man pflanzte Rot- und Traubeneichen, Blutbuchen, Eßkastanien und den Lederhülsenbaum, über dessen ungewöhnliche Früchte sich besonders die Kinder freuen. Kirschlorbeer, Wacholder und vor allem Seidels geliebter Rhododendron wachsen.
Ein paar Sommer bis etwa 1930 wurde Eintritt kassiert, der für gemeinnützige Zwecke verwendet wurde. Mehrere Jahre betrieb Pfund's Molkerei einen Trinkpavillon. Das Grünflächenamt der Stadt Dresden sanierte 1991 den in DDR-Zeiten verwahrlosten Park. Heute finden sich hier jung und alt gern ein.

Eine altehrwürdige große Gärtnerdynastie waren die Seidels, die »wegen kirchlicher Angelegenheiten« im Dreißigjährigen Krieg aus Böhmen nach Sachsen flüchteten und hier Wurzeln schlugen. Dresdens reiche gartenkünstlerische Traditionen gehen zu einem guten Teil auf diese Familie zurück. Johann Heinrich Seidel war königlicher Hofgärtner. Er korrespondierte mit Goethe, der ihn nie zu besuchen vergaß, wenn er nach Dresden kam.

1865 zog Traugott Hermann, einer seiner Enkel, mit seinen schon damals in fast ganz Europa, in Rußland, der Türkei und Amerika begehrten Azaleen, Rhododendren und Kamelien in die unbebaute Striesener Flur, an den heutigen Stresemannplatz. Schon lange waren die Seidels die Nestoren der Dresdner Gärtner. Was sie taten, konnte nicht schlecht sein, sagten sich diese und zogen ihm nach.

Der Märchenbrunnen, mit einem Motiv aus der Geschichte von »Brüderchen und Schwesterchen«, war Teil eines großen Granitbrunnens auf der deutschen Städtebauausstellung 1903. Als Baufreiheit für das Hygiene-Museum geschaffen wurde, kam das Kunstwerk von dort in den Hermann-Seidel-Park. 1991 wurde es restauriert.

Über fünfzig Kunst- und Handelsgärtnereien gab es um 1880 vor allem rechts und links der damaligen Straße J, der heutigen Borsbergstraße. Die berühmtesten waren die von Pocharsky, Olberg, Freudenberg.

Hermann Seidel hatte den ehrgeizigen Gedanken, daß kein Garten, kein Park ohne Rhododendron sein solle. Aber immer wieder erfroren seine Stauden bei Kälte, und alle Experimente, sie winterhart zu machen, mißlangen. In einem abgelegenen Kiefernwald fand er den richtigen Ort für seine Versuche.

Seidel, ein Mann mit Witz und Nachsicht für die Schwächen seiner Mitmenschen, nannte den neuen Garten »Sansibar«, weil er im Osten und bei den Wilden in einer damals ganz öden Gegend lag, in der selbst Zaunlatten des Nachts verschwanden. In »Sansibar« hatten Seidels Bemühungen, frostbeständigen Rhododendron zu züchten, Erfolg. Fünfzig seiner Arten wurden im Schutz von hohen Nadelbäumen, zwölf in freiem Gelände winterbeständig.

Eisenacher Straße 17

Wittenberger Straße 51

Reinickstraße 4

Hermann Seidels Vision, daß kein Park, kein Garten ohne Rhododendron sei, wurde in Blasewitz und Striesen fast Wirklichkeit.

Die Gärtnerei Richter gab es bis 1970. Sie war eine der letzten in Striesen.

Später floh Seidel vor dem wachsenden Striesen nach Laubegast. Heute betreiben Nachkommen die Gärtnerei Seidel in Grüngräbchen. Andere Gärtner zogen nach Tolkewitz, Reick oder Leuben. Viele Betriebe gingen ein. Um 1910 gab es keine Gärtner mehr an der Borsbergstraße. Nur an der Geisingstraße erinnerten bis etwa 1970 einige Gartenbaubetriebe an die einstige Blütezeit.

Die Striesener Gärtner, wie Seidel vielfach Nachkommen von Exulanten, waren kluge und weitgereiste Männer, die Sprachen kannten und sich in der Welt zu bewegen wußten. Nicht nur mit ihrer gärtnerischen Kultur prägten sie den Ort. Der Bau der ersten Kirche in Striesen, der Erlöserkirche der böhmischen Exulantengemeinde Dresdens, wurde vor allem von ihnen vorangetrieben und mitfinanziert.

Eisenacher Straße 21

Kirchgang bei Nacht und Nebel

Die Erlöserkirche
an der Ecke Paul-Gerhardt-/Wittenberger Straße vor dem Ersten (oben) und nach dem Zweiten Weltkrieg (unten)

Jahrhundertelang gehörte Striesen zur Dresdner Kreuzkirchgemeinde. Sonntag morgen 6 Uhr wurde die Beichte abgenommen, zwei Stunden später begann der Gottesdienst. Da holten in der Dunkelheit die Männer den schwarzen Rock aus dem Schranke. Die Frauen trugen ihr bestes Kleid. Man nahm die Laternen vom Haken, und Woche für Woche setzte sich im Morgengrauen der kleine Zug in Bewegung. Durch Wald und Feld ging der Weg. Weder Regen und Schnee noch die im Winter eisig kalte Kreuzkirche, in der Besucher, die sich Kirchenstuhlgebüren nicht leisten konnten, stehen mußten, hielten die Gläubigen ab.

Etwas einfacher, fromm zu sein, wurde es, als das Dorf 1826 seine erste Schule und einen fest angestellten Lehrer bekam, zu dessen Aufgaben es gehörte, sechsmal im Jahr im Klassenzimmer eine Predigt zu halten.

1878 entschloß sich die wirtschaftlich stark gewordene Dresdner Gemeinde der böhmischen Exulanten, zu der viele Striesener Gärtner gehörten, eine eigene Kirche zu bauen. Der Ort der Wahl war Striesen. Ausgemacht wurde, daß dessen Einwohner die Kirche für ihre Andachten mit nutzen durften.

Ein Freudenfest wie nie vorher und nie danach

Am 20. Juni 1880 wurde die von Baumeister Möckel entworfene neogotische Erlöserkirche an der Ecke Paul-Gerhardt-/Wittenberger Straße geweiht. Sie bekam ihren Namen nach der Heimatkirche der Exulanten in Prag, das sie ihres Glaubens wegen im Dreißigjährigen Krieg verlassen mußten.

Kein Ereignis hat die Striesener davor und danach mehr bewegt und gefreut als dieses. Nun konnten sie eine eigene Pfarrgemeinde gründen. Die weiten Wege über Land hatten ein Ende. Keiner blieb an jenem Sonntag zu Hause. Ein endlos langer Festzug bewegte sich durch den Ort. Ganz vorn der Musikchor der Striesener Feuerwehr, dann zwei Männergesangsvereine, jedermann in schwarzem Frack mit hohem Hut und weißer Binde. Es kamen die weißgekleideten Festjungfrauen mit den weißen Lilien – Geschenke der Gärtner. Dann folgten die Pfarrer im Ornat, die Baumeister, die Schulkinder mit Fähnchen, alle Striesener Vereine …

Die Freude der Striesener war nicht etwa von gestern und von heute. Sie bestand von dem Tage bei ihnen, als es hieß, „Wir kriegen eine Kirche". Sie war bei ihnen gewachsen mit jedem Tage, an dem man an der Kirche arbeitete und einen Stein auf den anderen setzte und sie war am größten und kam zum sichtbaren Ausdruck, als die Kirche fertig war und geweiht werden sollte.
Die Straßen, die damals gerade auf dem Stück gebaut waren, das vor einem Hause lag, und die darum sehr viele Unebenheiten aufwiesen, waren geebnet und sogar mit Sand bestreut. Zu beiden Seiten hatte man dicht aneinander Birkenbäumchen gesteckt, daß man meinte, durch einen Wald zu gehen. Zahlreiche Ehrenpforten und Fahnenmasten waren errichtet, verbunden mit Girlanden und geschmückt mit sinnigen Begrüßungssprüchen. Jedes Haus, auch das kleinste, hatte Fahnen und Rankenschmuck angelegt. Von der Kirche selbst grüßten Flaggen. Wahrlich, solch ein festliches Kleid, wie Striesen an jenem Tage trug, hat es nie wieder getragen, nicht vorher und später nicht.
Aus den Erinnerungen des Striesener Lehrers Arlt

Die vier Evangelisten
Am 13./14. Februar 1945 wurde die Kirche teilzerstört. Viele Ausgebombte flüchteten trotzdem mit ihren letzten Habseligkeiten in das einsturzgefährdete Haus. In den warmen Monaten wurden später unter freiem Himmel gut besuchte Andachten gehalten. Gegen den Willen der Gemeinde ließ der Staat die Kirche 1961 abtragen. An ihrer Stelle wurden Häuser gebaut. Zusammen mit den Christen der Andreaskirche (bis 1945 an der Striesener Straße) bezog die Erlösergemeinde einen Neubau an der Haydnstraße.
Die schönen Sandsteinfiguren der vier Evangelisten blieben erhalten. Sie standen bis vor kurzem auf dem Striesener Friedhof, rechts und links des Portals der Friedhofskapelle. Um sie vor weiterer Verwitterung und Verfall zu schützen, wurden sie entfernt und untergestellt. Für die Restaurierung werden 100 000 DM gebraucht.

Andacht unter freiem Himmel, etwa 1950
Jahrelang fanden in der teilzerstörten Erlöserkirche gut besuchte Gottesdienste statt. Heute ist vom ersten Striesener Gotteshaus keine Spur mehr zu finden.

Die Versöhnungskirche

Um 1900 lebten in Striesen 40 000 Menschen, davon 28 000 evangelische Christen. In der Erlöserkirche war es eng geworden, und die Gläubigen wünschten sich ein eigenes Gotteshaus. Evangelische Vereine hatten sich gegründet, denen es an Räumen für ihre Zusammenkünfte fehlte. Ihnen wurde im Oktober 1907 ein Gemeindehaus übergeben. Gleich daneben, zwischen den damaligen Straßen D (Wittenberger Straße) und J (Schandauer Straße), hatte die evangelische Gemeinde 1905 den Grundstein für die 1909 eingeweihte Versöhnungskirche gelegt.

Am Rande eines Kornfeldes
die Baustelle der Versöhnungskirche 1906

Glockenweihe 1908
Die drei Glocken (g-b-c) überstanden Einschmelzungskampagnen und Bombenangriffe der beiden Weltkriege. Sie sind das älteste komplett erhaltene Gußstahlgeläut im sächsischen Raum.

Architekten und Professoren der Kunstakademie aus dem Kreis um den damaligen Stadtbaurat Hans Erlwein erdachten und schufen den neoromanischen Bau. Grundlage war der Entwurf der Architektengemeinschaft Gustav Rumpel und Arthur Krutzsch, der als 1. Preis aus einem Wettbewerb hervorging, zu dem 33 Arbeiten eingereicht worden waren. Die Innenausstattung des Gemeindehauses stammt von dem Striesener Maler Max Helas. Otto Gußmann, der Maler des Dresdner Rathauses, hatte die Oberleitung bei der Gestaltung des Kirchenraumes. Der Bildhauer Georg Wrba schuf die Altargruppe mit »dem guten Hirten«, Karl Groß Kanzel, Taufstein und Lesepult.

Die Heimkehr des verlorenen Sohnes
Chorfenster im Altarraum von Prof. Otto Gußmann

oben rechts:
Altarraum der Versöhnungskirche
mit dem ungewöhnlich athletischen Christus »Der gute Hirte«, der einst heiß umstritten war

»Christus als Tröster der Mühseligen und Beladenen« von Prof. Selmar Werner
Der Brunnen mit seiner bronzenen Statuengruppe wurde zum Gedächtnis an die Gefallenen des Ersten Weltkrieges 1928 angelegt.

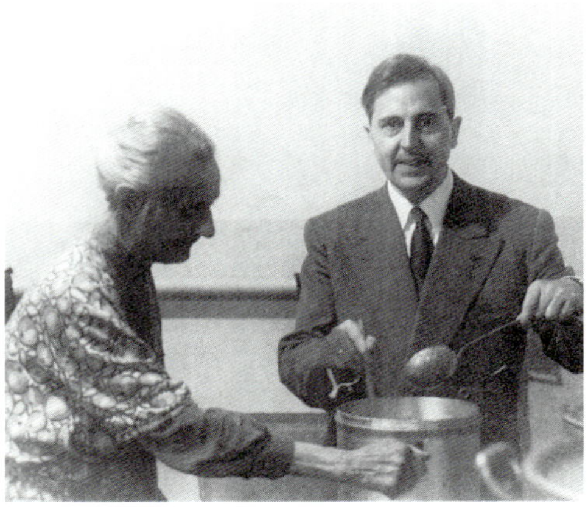

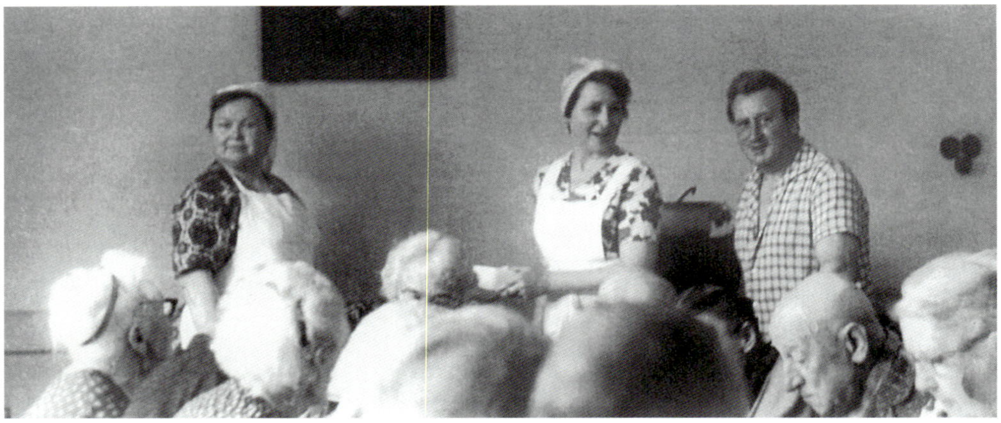

Aufgaben der Diakonie wurden in der Versöhnungskirche immer sehr ernst genommen. Seit seiner Gründung 1880 betreuten die Damen des evangelischen Frauenvereins zwei Kinderbewahranstalten für berufstätige Mütter. Sie pflegten Arme, Kranke und Wöchnerinnen. Bis etwa 1960 bestand die »Altenküche« (Foto). Sie paßte wohl nicht ins sozialistische Bild und mußte »aus hygienischen Gründen« geschlossen werden.

rechts:
Soziales Engagement heute
Nachtasyl für Obdachlose

Die katholische Herz-Jesu-Kirche
wurde 1905 an der Borsbergstraße gebaut. Sie liegt genau auf der Gemarkungsgrenze zu Johannstadt, deshalb wird sie mal dem einen, mal dem anderen Stadtteil zugezählt. Mit relativ geringen Schäden überstand der neogotische Bau 1945 den Krieg. Nur seine Glasfenster lagen fast alle in Scherben. Seit 1948 war Johannes Derksen Pfarrer. Unermüdlich und schließlich mit Erfolg verfolgte er sein Ziel, die Kirche bis zu ihrem 50jährigen Jubiläum instand zu setzen. 1955 war das geschwärzte Kirchenschiff renoviert und hatte neue farbige Fenster mit Szenen aus dem Alten und Neuen Testament.

Der Friedhof an der Gottleubaer Straße

Erst seit Jahrhundertbeginn hat Striesen einen eigenen Friedhof. Noch jahrelang hatten die Einwohner Berührungsängste und brachten ihre Verstorbenen lieber weiter aufs »Weite Feld«, wie der Trinitatisfriedhof einst hieß, oder nach Tolkewitz. Heute gehört der abseits des Verkehrs gelegene Friedhof mit seinen schönen Anlagen, seinem Baumbestand und vielen künstlerisch wertvollen Grabanlagen zu den schönsten der Stadt.

Dorf- und Stadtschulen

Erstes bescheidenes Schulhaus am Landgraben

Seit wann die Striesener lesen, schreiben und rechnen lernten, ist nicht überliefert. Eine Volkszählung aus dem Jahre 1708 weist unter den Dorfarmen auch einen Lehrer aus. Er unterrichtete in wechselnden Bauernstuben und bekam dafür zu essen und ein paar Groschen von den Eltern seiner Schüler. Anfang des 19. Jahrhunderts hatte ein Lehrer Wolf in seinem eigenen Haus eine Schulstube eingerichtet. Als er dafür etwas Miete verlangen wollte, fanden die Leute das ziemlich abwegig: »Wenn ein Bauer Mist breiten gehe, brauche er eine Gabel, so müsse der Lehrer eine Schulstube haben, wenn er unterrichten wolle«, ist die Antwort überliefert.

1840 wurde dann doch am Landgraben 3 ein kleines Schulhaus eingeweiht. Sein Lehrer hieß Gottlieb Müller und war vorher in Loschwitz und Blasewitz gewesen. Mit dem Zuzug vieler nach Neustriesen wurde schon bald ein größeres Schulhaus gebraucht. Es entstand 1869 an der Tittmannstraße 21. Aber auch diese Schule platzte bald aus den Nähten …

Alles in allem wurden bis zum Ersten Weltkrieg in Striesen acht Schulen, darunter die 25. Oberschule an der Pohlandstraße, das heutige Joseph-Haydn-Gymnasium und das Gebäude der 51. Oberschule in der Rosa-Menzer-Straße, damals »Städtische Oberschule für Mädchen mit sprachlicher und hauswirtschaftlicher Oberstufe«, gebaut.

Das »Freimaurerinstitut«,
Lehr und Erziehungsanstalt für Knaben um 1900.

unten rechts:
Schlafsaal. Um die »Überwachung und Sittlichkeit« zu gewährleisten, schliefen alle 200 »Zöglinge« in einem riesigen Saal.

Eingang zum heutigen Kreuzgymnasium

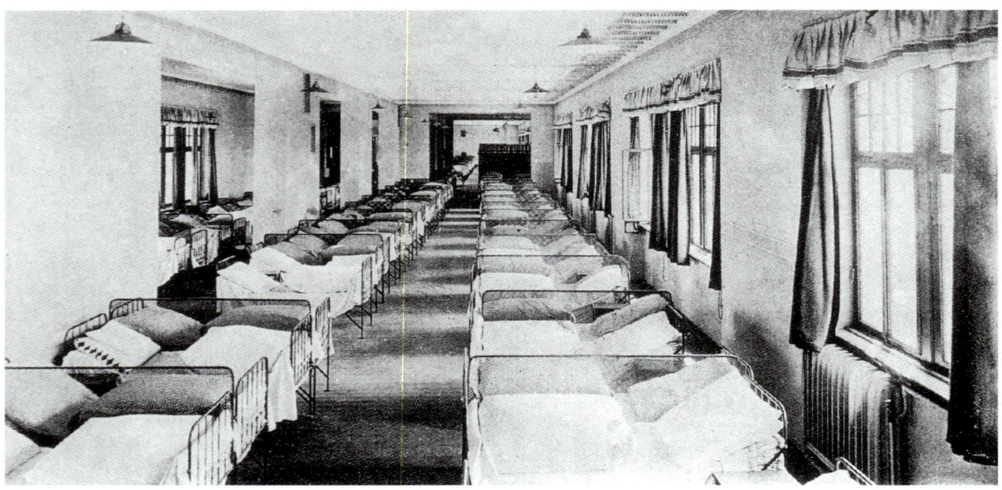

Straßen- und Hofseite der 24. Bezirksschule, 1907
Das heutige Haydngymnasium war ursprünglich eine Doppelschule für Mädchen und Knaben, die getrennt unterrichtet wurden. Schlicht und doch mit künstlerischer Wirkung ist die Schule im großen wie im Detail erbaut.

Die 24. Bezirksschule

Die modernste, schönste und zweckmäßigste Schule Striesens entstand 1907 in der Haydnstraße. Architekturzeitschriften waren des Lobes voll für diese 24. Bezirksschule. Ganz im Sinne eines Gesamtkunstwerkes hatte eine Gruppe von Baumeistern, Handwerkern und Künstlern um den Architekten, den damaligen Stadtbaurat Hans Erlwein, dieses Gebäude geschaffen. Neben 40 hellen Klassenzimmern und den für eine Schule üblichen Räumlichkeiten gab es moderne Turnsäle, Umkleideräume, ein Amphitheater, Bade- und Duschräume, eine Schulbibliothek, eine Aula, gut ausgestattete Handarbeits- und Werkräume, eine Lehrküche mit zehn Herden und Vorratskammern. Nach heißen Diskussionen mit vielem Für und Wider setzte Erlwein auch Waschbecken in den Toiletten durch, was einer kleinen Sensation glich.

Heute ist der Erlweinbau Gymnasium. Saniert, wäre er allen Anforderungen modernen Unterrichts gewachsen. Der Beschluß der Stadtverordneten, entgegen allen Protesten gerade diese Schule zu schließen, ist für Schüler, Eltern und Lehrer kaum nachvollziehbar.

Das Kreuzgymnasium

Im neogotischen Stil wurde 1897 das Freimaurerinstitut, Lehr- und Erziehungsanstalt für Knaben mit Internat, an der Eisenacher Straße gebaut. Den Idealen der Freimaurer entsprechend, hatte die Schule einen hohen humanistischen Bildungsanspruch, und sie beförderte die Ausbildung eines starken Zusammengehörigkeitsgefühls der Zöglinge, das bei vielen Jahrzehnte überdauerte. Aber es herrschten auch militärische Zucht und Strenge. Erzieher, meist Reserveoffiziere, beaufsichtigten jede Stunde des Tages und der Nacht. Exerzieren gehörte zum Lehrprogramm.

Ab 1933 wurde die Schule in »Scharnhorst Heimschule« umbenannt. 1945 erlitten die Gebäude schwere Schäden. Vor allem Studenten der ehemaligen Staatsbauschule Dresden waren am Wiederaufbau beteiligt. Am 1. Oktober 1947 zog sie vorübergehend ein, in »Ingenieurschule für Bauwesen« umbenannt. Die übrigen erhalten gebliebenen Hauptgebäude wurden durch die Schule für Gehör- und Sprachgeschädigte und die Kreuzschule genutzt.

Heute ist die Schule evangelisches Gymnasium. Dem Kreuzchor mit seiner 700jährigen Tradition gehören 150 Kruzianer im Alter von 9 bis 19 Jahren an.

Mädcheneingang

Jungeneingang

Von Wirten und Wirtshäusern

»Sächsischer Prinz«
Das älteste Lokal in Striesen war der »Sächsische Prinz« an der Schandauer Straße, da, wo heute Kaisers Einkaufsmarkt steht. 1889, als alle Welt um Tanze ging, bekam das Wirtshaus einen großen, prächtigen Ballsaal. Viele Jahre war das Gasthaus Versammlungs- und Tanzlokal der Striesener Arbeiter. Infolge der Weltwirtschaftkrise hatten sie immer weniger Geld für Kneipenbesuche und Schwof. Kino wurde modern und war billiger. Aus dem Tanzsaal wurden die »Gloria-Lichtspiele«, von dessen schöner Ausstattung, den Lüstern, verschnörkelten Emporen und Samtvorhängen, alte Striesener noch heute schwärmen. Am 13. Februar 1945 wurde alles ein Trümmerhaufen.

Jahrhundertelang kamen die Striesener ganz gut und fröhlich ohne ein Wirtshaus aus. Die Frauen brauten Bier, die Männer tranken es. An Hauswänden, an den Südseiten des Windmühlenberges und der anderen Hügel wuchs ein saurer Wein. Verschiedene Gewürze machten ihn genießbar. Wollte man beieinander sitzen, trinken und essen, galt nach alten Dorfgesetzen der Reihenschank, nach dem immer für sechs Jahre ein Bauer sein Bier über die Straße und auch in eigener Stube gegen Geld ausschenken durfte. War die Zeit um, kam der nächste an die Reihe.

Gasthof zum „Sächsischen Prinz"
Altstriesen
empfiehlt seine geräumigen Restaurations- und Gesellschafts-Lokalitäten geneigter Berücksichtigung. Fein dekorirter Ballsaal.
Alle Sonntage: Starkbesetzte Ballmusik.
Ein grosser, schattiger Garten gewährt während des Sommers angenehmsten Aufenthalt.
Ausspannung. Stallungen.
Feinste Weine, ff. Bairisch-, Lager- und Einfach Bier, exquisite Küche.
Achtungsvoll F. Töpfer.

Dann legte sich Mitte des 18. Jahrhunderts der Dresdner Hofuhrmacher Naumann ein Gut in Striesen zu und merkte bald, daß er es nicht »wie ein Bauersmann zu nützen« imstande war. Der Mechaniker war nicht verlegen, suchte in Dresden um die Schankgenehmigung nach und bekam sie am 2. April 1756 für den Ausschank von Dresdner Stadtbier. Er eröffnete das erste Gasthaus, den späteren »Sächsischen Prinzen« an der heutigen Schandauer Straße. Die Schenke wurde, so ist überliefert, von den »gemeinen Dresdner Klassen« viel besucht.

»Kaiser Barbarossa«
An der Ecke Kyffhäuser-/Lene-Glatzer-Straße wurde 1895 der »Kaiser Barbarossa« gebaut, ebenfalls mit großem Saal. In ihn zog 1925 eine Zigarettenfabrik Pree & Co ein, ab 1930 wurden Matratzen hergestellt. Das massige Gebäude überstand den Krieg. Heute steht es verfallen und ungenutzt.

Radfahrer
Wer in der jungen Vorstadt sportlich war und gesellschaftlich präsent sein wollte, wurde Mitglied im Radfahrverein »Wettin«. Die Radfahrer hatten eine eigene Rennbahn an der Fetscherstraße mit einem Gasthaus, das der Besitzer des Hotels »Sachsenhof« am Barbarossaplatz bewirtschaftete. Die Vereinsfeste waren gesellschaftliche Höhepunkte.

Die Bauern hingen weiter an dem nun nur noch eingeschränkt erlaubten Reihenschank. Zu Kindtaufen, Hochzeiten, Begräbnissen, vor allem aber zu Fastnacht, wurde weiter gebechert wie und wo bisher. Naumann war kein Gentleman. Er berichtet der Amtshauptmannschaft »von Exzessen, Schlägereien und sonstigem greulichen Unfug«. Besonders denunziert er den Dorfrichter, der »zwar auch über die Gasse zapfen dürfe, aber nicht das Recht habe, Gäste zu setzen«. Auch unterhalte er bei seinem Bierausschank ständig Musik, so daß ihm vor allem das Jungvolk zuströme. Der dabei getriebene Unfug sei höchst höllisch und der Polizeiordnung außerordentlich zuwider. Zu vermuten ist, daß die Striesener und ihr zugereister Gastwirt lange kein leichtes Leben miteinander hatten. Die Versöhnung soll eine Tonne Bier gebracht haben, die Naumann eines Fastnachts zu aller Spaß spendierte.

»Hammers Hotel«
Das schönste und größte Striesener Konzert- und Balletablissement war Hammers Hotel mit Konzertgarten, seit 1895 an der Augsburger Straße 7. Es hatte »den Ruf eines sehr beliebten Gesellschaftssammelpunktes« mit schönem Saal, großer Bühne für Tanz und Theater und politische Veranstaltungen.

Sein Betreiber hatte keine Berührungsängste. Wer zahlte, war willkommen. Zum Wahlkampf 1928 sprach hier Ernst Thälmann vor Tausenden. Im Saal war jeder Stuhl besetzt; vor dem Haus und in den Nebenstraßen standen die Arbeiter, hörten die Rede aus Lautsprechern. Ab 1933 waren Parteien und Vereine verboten, und nur die Nazis hielten hier ihre Veranstaltungen und Feste ab. Das reichte vom »Volkstumsabend« der NSDAP-Ortsgruppe »Barbarossa« über den offenen Frauenschaftsabend »Am heiligen Herd« bis zu markigen Wahlkampfveranstaltungen, zu denen das Haus über und über beflaggt war. Das Gebäude wurde 1945 zerstört. Heute befindet sich ein Parkplatz an der Stelle, statt für Ballmusik wird für Vita Cola geworben.

RAD.F.VER. WETTIN DRESDEN

Radf.-Verein „Wettin"
Bundesangehöriger Verein d. Sächs. R.-B.
Vereinslokal: „Waldpark" Blasewitzer Str. 61.

Einladung
zum
I. Stiftungs-Fest
des Radfahrer-Vereins „Wettin"
am 6. September 1910
in Hammers Hotel, Augsburger Str.
unter Mitwirkung der Hauskapelle.

Reigenfahren · Gabenlotterie
Humoristische Vorträge.

Anfang 8 Uhr. □ Ende 3 Uhr.
Eintritt 30 Pfg.

Tanz-Ordnung.

Polonaise
Walzer
Rheinländer (D.-W.)
Menuettwalzer
Polka
Rheinländer
Walzer (D.-W.)
Tyrolienne
Walzer
Konter
Rheinländer
usw. — Großvater.

Ab Mitte des vergangenen Jahrhunders bekam der »Sächsische Prinz« allerlei Gesellschaft. »Rote Amsel«, »Zur Aussicht«, »Zur Post«, »Baubörse«, »Zum Grafen Thun«, »Straßenbahnhof« oder »Bergels Ruh« hießen die neuen Kneipen und Restaurants von Alt- und Neustriesen. Im Rathaus gab es einen Kaffeeausschank, und die Besitzer einer Villa mit Namen »Sommerlust« hatten eine Weinstube eingerichtet. Bei den Krämern florierte der Kleinhandel mit Branntwein und Spiritus.

»Rübezahl«
Um 1900 wurde das Geschäftshaus an der Augsburger Straße 49 gebaut. Es hatte sechs Wohnungen, zwei Arztpraxen, eine Fleischerei und eine Gaststätte. Im Keller wohnte der Fleischergeselle. Im Hof gab es einen Stall für zwei Pferde. Die spannte der Fleischer immer ein, wenn Schlachttiere zu holen waren. Das Restaurant »Rübezahl« überstand den Krieg fast unbeschadet, mit seinem Namen aber hatten die Kommunisten ideologische Probleme. Die Gaststätte mußte umbenannt werden. Sie wurde zum »Augsburger Hof«, nach der gleichnamigen zerstörten Gastwirtschaft an der Ecke Tittmann-/Augsburger Straße (seit etwa 1970 Kinderkrippe und -garten). Die 1946 von dem damaligen Besitzer Kantz als altdeutsche Bierstube eingerichtete Kneipe ist heute beliebter Drehort für Kino- und Fernsehszenen.

Gasthof zum „Grafen Thun"
Striesen, C-Strasse Nr. 12,
empfiehlt seine geräumigen Restaurations- und Gesellschafts-Lokalitäten geneigter Berücksichtigung. Fein dekorirter Ballsaal.
Sonntags starkbesetzte Ballmusik.
Ein grosser, schattiger Garten gewährt während des Sommers angenehmen Aufenthalt. Separate Zimmer. Die neu restaurirten Ball-Lokalitäten werden an Vereine u. s. w. unter den coulantesten Bedingungen überlassen.
Ausspannung. Stallungen.
Feinste Weine, ff. Bairisch-, Lager- und Einfach Bier, exquisite Küche, coulante Bedienung.
Hochachtungsvoll F. W. Hammer.

»Sachsenhof«
Das einstige Hotel am Barbarossaplatz ist heute Wohnhaus.

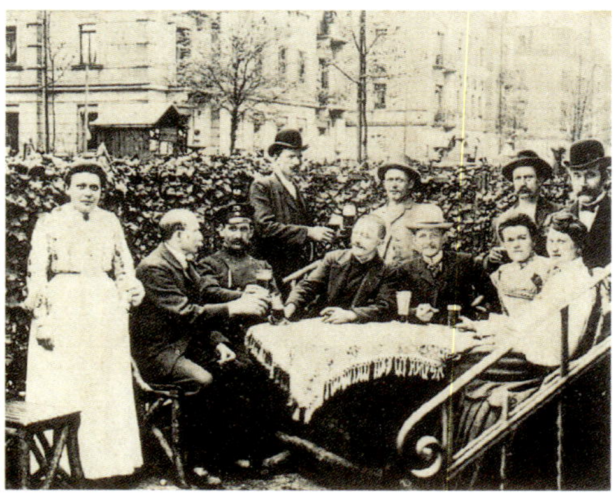

»Pohlandgarten«
Feucht-fröhliche Runde im Garten um 1905. Das Restaurant an der Wittenberger/Ecke Pohlandstraße war für seine gute Küche bekannt. Zu DDR-Zeiten verkaufte der Konsum in den einstigen Gasträumen Haushaltwaren.

»Knapes Restaurant«
Johannes Franz war Inhaber von »Knapes Restaurant« an der Augsburger Straße. Foto von 1938. »Beliebtes Familienrestaurant, beste gepflegte Biere, preiswerte Küche« – so warb der Wirt in Anzeigen um Gäste. Das Haus wurde 1945 zerstört. Wenige Meter von der einstigen Gaststätte, an der Blasewitzer Straße, kann man heute chinesisch essen.

Das Dorf geht zur Stadt

Luftaufnahme
von Barbarossaplatz und Umgebung, 1932
Planmäßig angelegte Straßen und Würfelhäuser sind typisch für Striesen. Eng und doch offen waren die Striesener Baugesetze. Vorgeschrieben waren die Höhe und Anzahl der Stockwerke, der Abstand zur Straße, das Verhältnis von bebauter und unbebauter Fläche im Grundstück.
Von unten Mitte (Westen) nach oben Mitte (Osten) führt die Augsburger Straße über den Platz, von unten links nach oben verläuft die Kyffhäuser- und von unten rechts in Richtung Osten die Wittenberger Straße. Von links (Norden) nach rechts (Süden) führen die Alemannen- und die Barbarossastraße, die hinter dem Platz zur Rosa-Menzer-Straße wird.

Anders als im benachbarten Blasewitz zog es den Striesener Gemeinderat schon frühzeitig nach Dresden. Sein erster Antrag von 1876 wurde »wegen drängender Probleme mit der Johannstadt« abgelehnt. Dem zweiten von 1889 war Erfolg beschieden.

Umstritten bei den Bewohnern war die Eingemeindung, die schließlich am 1. Juli 1892 in einem Festakt mit Bürgermeister Stübel im Striesener Gemeindehaus besiegelt wurde. Nun konnten Wasser, Gas und Strom ungehindert in die neue Vorstadt fließen, konnten die Neudresdner die Steuervorteile der Residenz nutzen.

Nun auch bekamen die Straßen Namen: Die Längsstraßen Städtenamen, meist nach Lutherstädten (z. B. Wittenberger, Eisenacher, Wormser, Wartburgstraße). Nach Persönlichkeiten benannt wurden die Querstraßen. Nach festen Bauregeln wuchsen an den theoretisch erdachten Straßen die Häuser, zwischen 1892 und 1902 jedes Jahr knapp 100.

Es war die Zeit des Historismus in Architektur und Kunstgewerbe. Der Rückgriff auf vergangene Bauepochen, besonders die Hochrenaissance oder auch die Gotik und den Barock, war auch in Striesen dominierendes gestalterisches Prinzip. Meist mit quadratischem Grundriß, daher bald »Würfel« oder »Kaffeemühlen« genannt, mit reich gegliederten Fassaden, standen die herrschaftlichen Mietvillen auf gartenähnlichem Grund.

In den großen Wohnungen ließ es sich gut leben. Sie hatten hohe Fenster, Bäder, Innentoiletten, Stuckdecken und Parkett. Die Dramatik der benachbarten Blasewitzer Villen, die vielfältige Originalität ihrer Bewohner, findet man in Striesen nicht. Das neue Striesen war sehr guter Durchschnitt, es wohnte hier vor allem eine gehobene Mittelschicht: gut verdienende Beamte, Ärzte, Bauunternehmer, Ingenieure oder anderweitig gut Betuchte. Fürs Personal gab es oft im Dachgeschoß bescheidenere Wohnungen. Oft waren auch die Keller bewohnt. In vielen Grundstücken standen Gesindehäuser und kleine Hintergebäude, in denen sich Werkstätten oder Fabriken befanden.

Bis zum Jahre 1914 war die Striesener Flur im wesentlichen bebaut. Nach dem verlorenen Krieg, nach Weltwirtschaftskrise und Inflation war Jahrzehnte wenig Geld und Kraft für die verbliebenen Lücken. Und dann kam schon der nächste Krieg mit all seinen schlimmen Folgen ...

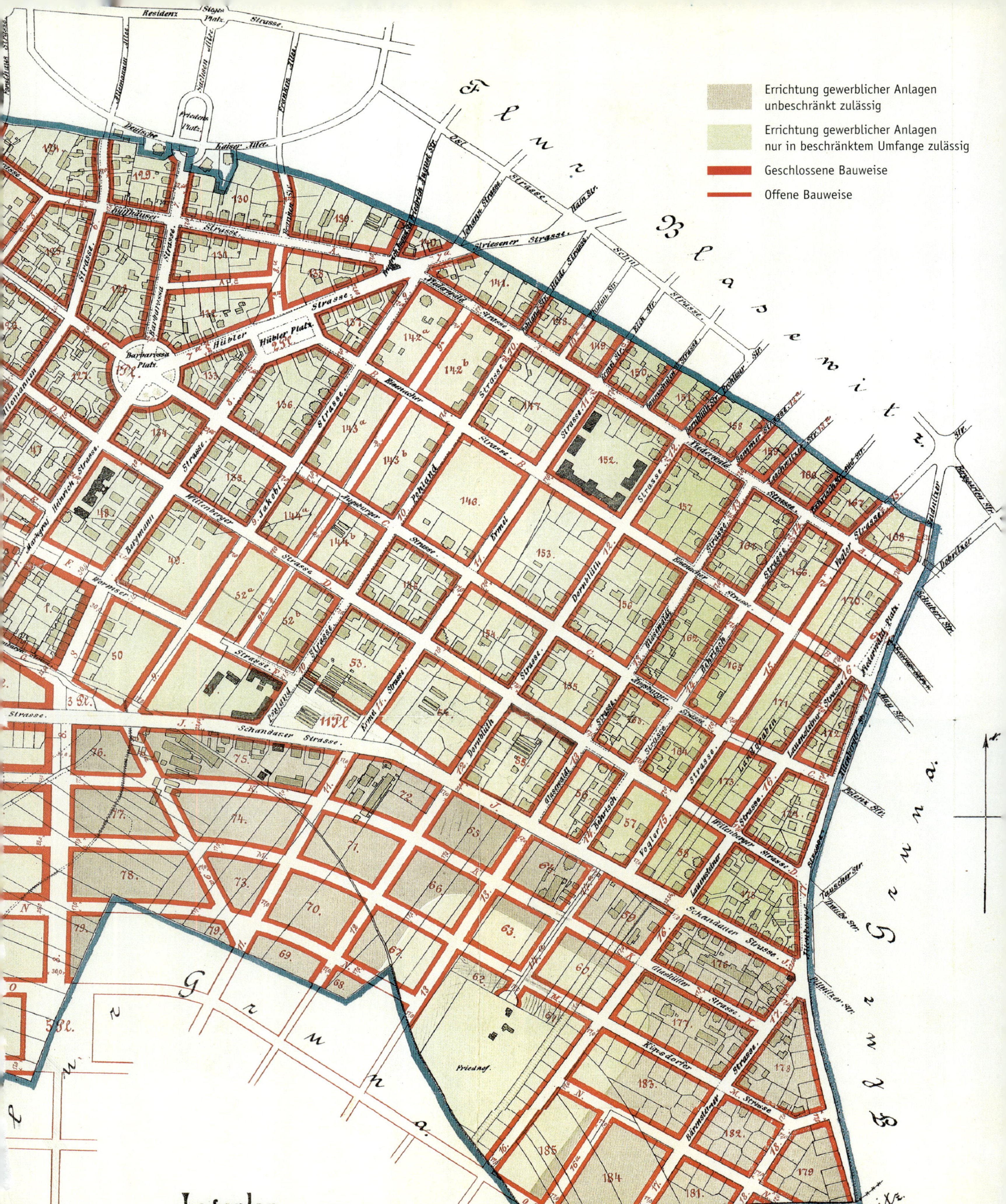

Lageplan der Vorstadt Striesen.

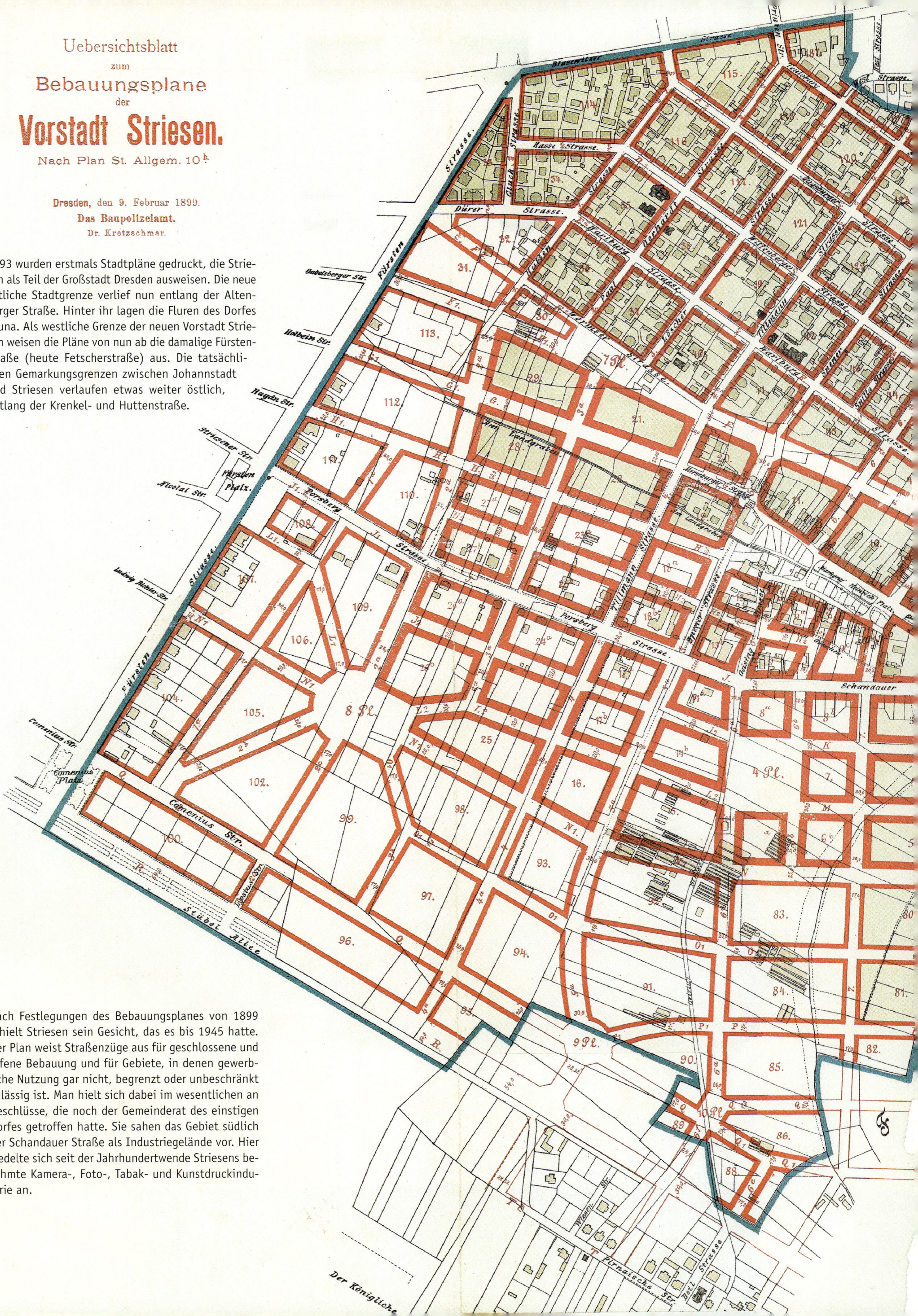

1893 wurden erstmals Stadtpläne gedruckt, die Striesen als Teil der Großstadt Dresden ausweisen. Die neue östliche Stadtgrenze verlief nun entlang der Altenberger Straße. Hinter ihr lagen die Fluren des Dorfes Gruna. Als westliche Grenze der neuen Vorstadt Striesen weisen die Pläne von nun ab die damalige Fürstenstraße (heute Fetscherstraße) aus. Die tatsächlichen Gemarkungsgrenzen zwischen Johannstadt und Striesen verlaufen etwas weiter östlich, entlang der Krenkel- und Huttenstraße.

Nach Festlegungen des Bebauungsplanes von 1899 erhielt Striesen sein Gesicht, das es bis 1945 hatte. Der Plan weist Straßenzüge aus für geschlossene und offene Bebauung und für Gebiete, in denen gewerbliche Nutzung gar nicht, begrenzt oder unbeschränkt zulässig ist. Man hielt sich dabei im wesentlichen an Beschlüsse, die noch der Gemeinderat des einstigen Dorfes getroffen hatte. Sie sahen das Gebiet südlich der Schandauer Straße als Industriegelände vor. Hier siedelte sich seit der Jahrhundertwende Striesens berühmte Kamera-, Foto-, Tabak- und Kunstdruckindustrie an.

Heute, Freitag mittag 12 Uhr, wurde im Sitzungssaal des Gemeindeamtes Striesen (im Grundstück der Kinderbewahranstalt) durch einen feierlichen Akt die Vereinigung der Landgemeinde Striesen mit der Königlichen Haupt- und Residenzstadt Dresden vollzogen. Es hatten sich eingefunden Herr Oberbürgermeister Stübel, Gemeindevorstand Claus, sämtliche Gemeindebeamten, der Pfarrer, der Feuerwehrhauptmann, der Vorstand der Freiwilligen Feuerwehr, die Armenpflegerin.
(Dresdner Anzeiger vom 2. Juli 1892)

Denkwürdiger Ort
Im späteren Stadthaus an der Ecke Tittmann-/Wartburgstraße (1874 als Schule gebaut, 1892 Sparkasse, Steuer-, Gemeindeamt und Kinderbewahranstalt) trafen sich die Honoratioren des Dorfes und der Stadt, um die Vereinigungsurkunde zu unterzeichnen.

Alleen
Nach hartnäckigem Bemühen des »Gemeinnützigen Vereins« faßte der Gemeinderat 1881 den weitsichtigen Beschluß, die alten und die neuen, oft noch nicht einmal bebauten Straßen an beiden Seiten mit Alleebäumen zu bepflanzen. Heute bilden sie an vielen Stellen einen langen, grünbedachten Laubengang, der an heißen Sommertagen wohltuenden Schatten spendet. Rechts: Wartburg-/Ecke Rosa-Menzer-Straße (zerstört), rechts unten: Dornblüth-/Ecke Eisenacher Straße

In der Mosenstraße 3, 1945 zerstört

Über den Dächern der Kyffhäuserstraße

oben rechts:
So schön sah der Stresemannplatz einst aus

rechts:
Staunen und Kinderauflauf 1910:
Ein Automobil ist an der Ecke Augsburger/Dornblüthstraße vorgefahren

rechts außen:
Uhren- und Goldwarengeschäft
in der Schandauer Straße 7, 1945 zerstört

unten:
Spezialitäten- und Butterhandlung
auf der Müller-Berset-Straße 40, 1945 zerstört

rechts unten:
Blick von der Erlöserkirche nach Loschwitz.
Am Elbhang die drei Elbschlösser. Die Paul-Gerhardt-Straße wurde 1945 ein Ruinenfeld.

Eisenacher Straße 15

Eisenacher Straße 13

Niederwaldstraße 37

Glasewaldstraße 44

Die Fassaden waren im Striesen der Jahrhundertwende von zurückhaltender Farbigkeit, aber reich gegliedert: hier ein Türmchen, dort ein Vorsprung, schöne Balkone oder Erker.

Voglerstraße 17

Ocker, beige und grau waren die Striesener Würfel. Kräftige Töne wie grün, rot oder blau gab es nicht.

Voglerstraße 20

Balkone und Treppengeländer sind häufig in feingliedrigem Guß- oder Schmiedeeisen ausgeführt.

Tzschimmerstraße 15

Voglerstraße 14

Voglerstraße 14

Augsburger Straße 49

Haustüren waren oft aufwendige Portale, die von der Wohlhabenheit des Besitzers und seiner Mieter kündeten. Auch das Erbauungsjahr wird meist stolz hervorgehoben.

Altenberger Straße 6

Jugendstil. Seit der Jahrhundertwende wurden in Striesen Häuser in der Art des Jugendstils gebaut. Der Übergang vom Historismus zu den neuen Formen ist fließend und an vielen Gebäuden zu beobachten. Die Plastizität der Fassaden wird zurückhaltender, Motive aus Fauna und Flora dominieren nun.

Borsbergstraße 19

Eisenacher Straße 26

Fetscherplatz 6

Arbeit und Einkauf nur über die Straße

Eckläden wie die Barbarossa-Drogerie an der Jacobi-/Augsburger Straße oder das Geschäft von Klempner Keiner in der Dornblüthstraße waren typisch für Striesen. Sie machten den Bewohnern das Einkaufen und Miteinanderreden leicht.

Dresdner Kunstverlag
»Fräulein Gertrud Säuberlich zur Erinnerung an ihre Tätigkeit im Dresdner Kunstverlag«, steht auf der Rückseite der Karte von 1912 in feiner Frauenschrift geschrieben. Dieser erste Striesener Kunstverlag war auf der Mosenstraße 3. Im In- und Ausland bekannt und vielgelobt für seine hervorragenden Kunstbände, Reproduktionen und Kunstmappen war zu DDR-Zeiten der 1952 gegründete »Verlag der Kunst« auf der Spenerstraße.

Schon frühzeitig nach der Lokalbauordnung von 1870 durften sich »Fabrikanlagen mit Dampfkraft sowie Rauch- und Rußverursachende Gewerke« nur südöstlich der Dorflage, jenseits der Pillnitzer Straße (jetzt Schandauer Straße) ansiedeln. Das war damals weitsichtig gedacht; tatsächlich passierte auf den Ackerflächen viele Jahre kaum etwas. Gegen Ende des alten Jahrhunderts aber entdeckten die Gründer die Gegend. Eine hervorragende moderne Industriearchitektur entstand an den bereits Jahre vorher angelegten und mit Linden bepflanzten Straßen. Die sauberen, weitgehend ruß- und lärmfreien, meist begrünten Werkanlagen der Foto-, Tabak- oder Kartonagenindustrie fügten sich kaum störend in den Stadtteil und hielten auch respektvollen Abstand zum Friedhof ein.

In den Höfen des Wohngebietes arbeiteten Klein- und Mittelbetriebe als Zulieferer für die großen Werke oder auch als unabhängige Handwerker und Produzenten. Von der Goldschlägerei über die Kinderwagenmanufaktur bis zur europaweit bekannten Porzellanmalerei war fast jedes Gewerk präsent. Auch Kinder-, Ball- und Tennisschuhe aus Striesens Schuhfabriken wurden in viele Länder exportiert. Bei »Schuh-Hammer« in der Augsburger Straße ließ es sich vor dem Ersten Weltkrieg gut verdienen. Zahlreiche einheimische Schuhmacher, zugereiste Böhmen und Tschechen arbeiteten für die Firma. Herr M. vom Weißen Hirsch berichtet von seinem Großvater, einem Böhmen, der bis 50 Paar Schuhe in der Woche schaffte und

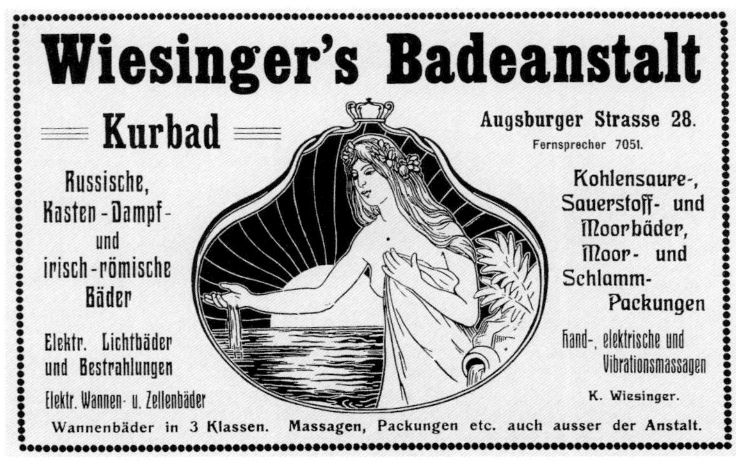

Vor allem Frauen arbeiten 1916 in Striesens Lederwerkstätten. Anstelle von Tanz- und Ballettschuhen produzieren sie Soldatenstiefel, Koppel und Tornister.

Wittenberger Straße

40 Mark dafür bekam. Ein Kutscher hatte damals einen Wochenlohn von 16, ein Koch in Hammers Hotel von 20 Mark.

Viel Heimarbeit, besonders für Frauen, hatten die Strohgeflecht- und Hutmanufakturen an der Gottleubaer Straße und Kranz & Töpfer an der Eilenburger Straße zu vergeben. Die Hüte, Taschen und kunstgewerblichen Arbeiten trug man in Striesen, Berlin, Paris oder London.

Im ersten Jahrzehnt dieses Jahrhunderts hatte das einstige arme Dorf Striesen seinen glanzvollen Moment als Teil der reichen Residenz. Arbeiten, wohnen und sich vergnügen auf überschaubarem Raum konnte man hier wie selten irgendwo in der Stadt.

Augsburger Straße

Vogler-/Ecke Wittenberger Straße

Die **Wäscherei Märksch** an der Schandauer Straße gab es seit 1881. Ihre Gründer standen noch selbst am Waschbrett, und ihr Geschäft florierte. Der Kundenkreis wurde groß und größer. In besten Zeiten hatte der Betrieb über 50 Filialen in der ganzen Stadt. 1945 wurden die Anlagen fast völlig zerstört. Unter Entbehrungen und großen Mühen bauten Märkschs wieder einen leistungsfähigen Dienstleistungsbetrieb auf. Nach den Beschlüssen des 8. Parteitages wurde die Familie 1972 enteignet, der »VEB Dresdner Chemischreinigung« geboren. Paul Märksch wurde als Betriebsleiter angestellt. Heute ist in der einstigen Großwäscherei die Hauptgeschäftsstelle Sachsen des ADAC. In den Garagen rechts im Foto arbeitete bis zur Wende der Alleinhersteller von Kämmen in der DDR, der »VEB Doppelanker«, einstmals Firma Käppler.

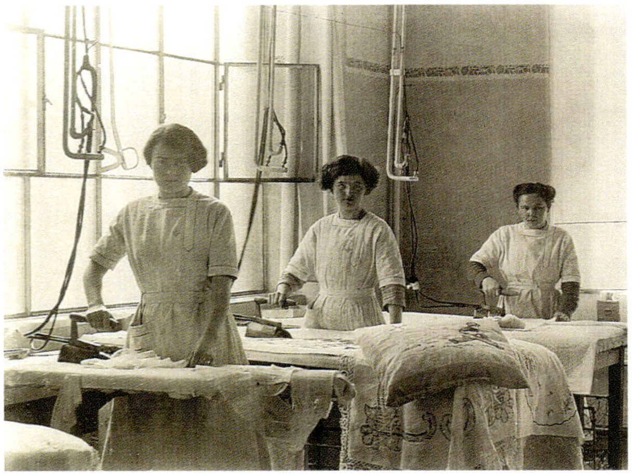

Sozialer Wohnungsbau

Mit der Industrie und der Licht-Luft-und-Sonne-Bewegung zu Beginn das Jahrhunderts entstanden Betriebs- oder genossenschaftliche Wohnungen: Die König-Friedrich-August-Häuser an der Junghans-/Kipsdorfer/Glashütter Straße (Architekt Theodor Richter) oder die Rudolf-Schilling-Häuser des Dresdner Spar- und Bauvereins an der Holbein-/Wormser/Tittmannstraße (Architekten Rudolf Schilling und Julius Gräbner). Die neuen Siedlungsformen mit schön gestalteten Höfen, Gartenanlagen und Balkonen ermöglichten angenehmes wie preiswertes Wohnen für die Arbeiter und Angestellten der Werke.

rechts: **Die König-Friedrich-August-Häuser** baute der Kleinwohnungsbauverein Striesen 1910 bis 1911. Zwei Jahre vor der Wende wurde intern der Abriß der baufällig gewordenen Gebäudegruppe diskutiert. Heute läßt es sich in den 1992 bis 1997 sanierten Wohnungen wieder gut und preiswert leben.

Die Rudolf-Schilling-Häuser

des Dresdner Spar- und Bauvereins wurden 1911 gebaut von den Architekten Schilling & Gräbner. Die dreiflüglige Anlage, in der vor allem Arbeiter und kleine Angestellte lebten, schließt sich um einen schön begrünten Innenhof, eine Begegnungsstätte mit Spielanlagen, Ruheplätzen und einem Gartenhaus, in dem auch die Wäschemangel war. Um die Mieten niedrig zu halten, waren 1911 keine Bäder eingebaut worden. Bademöglichkeiten und Waschküchen waren in einem separaten Gebäude. Es gab hier acht Wannenbäder, vier Duschen, Waschmaschinen und Holzbottiche, in denen die Weißwäsche gekocht wurde. Freitags konnte man Bademarken kaufen. 50 Pfennige kostete um 1930 ein Bad, Dauer 30 Minuten, 30 Pfennige eine Dusche, Dauer 20 Minuten.

Seit 1972 gehören die Rudolf-Schilling-Häuser zur Wohnungsgenossenschaft Johannstadt. 1992 wurde mit der denkmalgerechten Sanierung begonnen. Platz für Bad und Waschmaschine ist seitdem in jeder Wohnung.

»Die Rudolf-Schilling-Häuser hatten einen eigenen Kindergarten, in dem die Bewohner ihre Kinder von 8 bis 12 Uhr betreuen lassen konnten. Abends 19 Uhr ertönte eine Glocke, und alle Kinder mußten vom Hof nach Hause. Schön war es zu den jährlichen Sommerfesten. Da wurden kleine Stücke, die die Kinder im Kindergarten einstudiert hatten, aufgeführt. Es gab Bier und Brause, Würstchen und Semmeln, Karussell und Luftschaukel. Auf dem Bleichplatz wurde getanzt.«
Ursula Metzger, geboren 1929 in der Wormser Straße 26

Einweihungsfest 1911

Tabakduft

Georg Jasmatzi

Zigarettenfabrik um 1910

Kerikiza Hatzifoti, die Türkin, heiratete in Konstantinopel den Griechen Jasmatzi. Beider Sohn Georg interessierte sich zeitig für die mit feinem, duftendem Tabak gefüllten Papierröllchen der Männer – eine Spezialität, die es so kultiviert damals nur im Orient gab. Mit 15 kannte der junge Grieche alle Geheimnisse der Herstellung. Nur mit diesem Kapital brach er ins Abendland auf und kam 1867 in Dresden an.

In Sachsens Hauptstadt lebten damals viele vor Pogromen geflüchtete russische Juden. In Hinterzimmern, kleinen Läden und Kneipen drehten sie ihre primitiven Papyrossi, eine Neuheit, zu der die Sachsen bald immer lieber griffen.

1862 hatte der Petersburger Baron von Huppmann in Dresden »Laferme«, die erste Zigarettenfabrik Deutschlands, gegründet. Sieben Angestellte – ein Tabakschneider und zwei Russinnen, die vier deutsche Frauen anlernten – arbeiteten hier, als Jasmatzi 1868 als Werkmeister in die Firma kam. Mit seinem Ersparten – 900 Mark – machte er sich ein paar Jahre später mit einer Produktion nach türkischer Art selbständig. Sein Zigarettengeschäft wurde bald zum Mekka der Kenner. Seine Orientstäbchen verbreiteten mit ihrem Duft schnell Reklame für den Griechen. 1889 baute Jasmatzi ein Werk an der Blasewitzer Straße. Das reichte bald nicht mehr. 1900 entstand sein neuer Betrieb an der Schandauer und wiederum zehn Jahre später der Erweiterungsbau an der Glashütter Straße. Georg Jasmatzi & Söhne nannte sich die Firma nun. Marken wie »Cheops«, »Sphinx«, »Ramses«, »Zwei Kaiser« oder »Hellas« gingen zu Milliarden von Striesen in die Welt.

Dresden war inzwischen der größte Umschlagplatz für Orienttabake und das Zentrum der deutschen Zigarettenindustrie. Gut ein Viertel der Dresdner Arbeiter verdiente sein Geld direkt oder indirekt mit der Zigarettenherstellung. 1913 gab es über 60 Tabakunternehmer in der Stadt. Jasmatzi, der einstige Gastarbeiter, nun im Range eines griechischen Konsuls, war ihr König.

Kriegswirtschaftliche Transportzentrale des Zirkus Sarrasani 1917
Elefanten und Kamele ziehen Lastzüge mit Tabak für das deutsche Feldheer durch Striesens Straßen.

Wilhelm Lande, Zigarettenfabrikant in Striesen
Aus der Judengasse in Halberstadt ging der Zigarettenproduzent Wilhelm Lande nach Dresden und gründete auf der Laubestraße in Striesen eine Zigarettenfabrik. 1932 siedelte er in seinen neuen hochmodernen Betrieb auf der Junghansstraße über, wo im folgenden Jahr 600 Arbeiter 1,1 Millarden Zigaretten produzierten. Bei Machtantritt der Nationalsozialisten stand das Unternehmen im Zenit. Boykotte, antisemitische Hetze, perfide Machenschaften von seiten des damaligen Gauleiters Mutschmann, dem es ein Dorn im Auge war, daß Juden die Zigarettenindustrie beherrschten, ließen bei Wilhelm Lande böse Vorahnungen aufkommen. Schon 1933 gab er unter Druck sein Unternehmen ab. »Lande«, der werbewirksame Firmenname, wurde beibehalten. Betriebsdirektor wurde der NS-Funktionär Karl Geisslinger, der seit 1940 als Besitzer auftrat. Der Erlös wurde mit angeblichen Steuerschulden verrechnet. Verarmt emigrierten Lande und seine Frau in die USA.
Nach dem Krieg baute Geisslinger in Wiesbaden und München neue Produktionen auf. Der Dresdner Betrieb wurde verstaatlicht. Wilhelm Lande nahm sich 1951 das Leben.

In Jasmatzis Windschatten hatten sich in Striesen weitere große Betriebe gegründet. Rohstoffprobleme am Ende des Ersten Weltkrieges und später die Weltwirtschaftskrise brachten für eine Reihe von Unternehmen den Konkurs. Andere schlossen sich zu Konzernen zusammen. Im Jahre 1937 produzierte »Kos-

Julius und Hermann Lewin, Zigarettenfabrikanten in Striesen
Die Zigarettenfabrikanten Julius (sen.) und Hermann (jun.) Lewin zogen mit ihrer Orientalischen Tabak- und Zigarettenfabrik »Yramos« 1932 in die von Lande aufgegebenen Werkräume in der Laubestraße, wo sie mit 200 Arbeitern 500 Millionen Zigaretten mit Namen wie »Senat«, »Türkisch 8« oder »Bayrisch Gold« im Jahr produzierten. Yramos war trust- und konzernfrei, d.h. ein unabhängiges Unternehmen, das sich gegen den Konzentrationsprozeß wehrte. Hermann Lewin war als hervorragender Tabakkenner bekannt, der in Athen und auf dem Balkan persönlich einkaufte. Durch antijüdische Boykotte und Beschränkungen im Tabakkauf ging der Umsatz nach 1933 schnell zurück. Entlassungen folgten. Ebenso couragiert, wie sich die Unternehmer gegen die Vertrustung gewehrt hatten, hielten sie nun an ihren jüdischen Arbeitern fest. Die Lewins stellten sogar Juden ein, die infolge von Diskriminierungen arbeitslos geworden waren.
Solches Klima setzte sich in der Belegschaft fort. Eine Reihe jüdischer Mitarbeiter arbeitete im Widerstand oder deckte verfolgte Juden. Nach einer verheerenden Großrazzia der Nazis 1937 verkauften die Lewins ihr Werk. Der Staat konfiszierte die Kaufsumme. Mittellos emigrierten der Juniorchef und sein Frau Elsa in die USA. Ein Stempel »rein arischer Betrieb« machte seit 1. April 1938 die neuen Besitzverhältnisse deutlich. Julius Lewin, der Seniorchef, und Sarah, seine Frau, wurden nach Theresienstadt deportiert. Sarah starb im Lager. Julius kam 1945 kurz nach Dresden zurück und ging dann zu seinem Sohn in die USA.

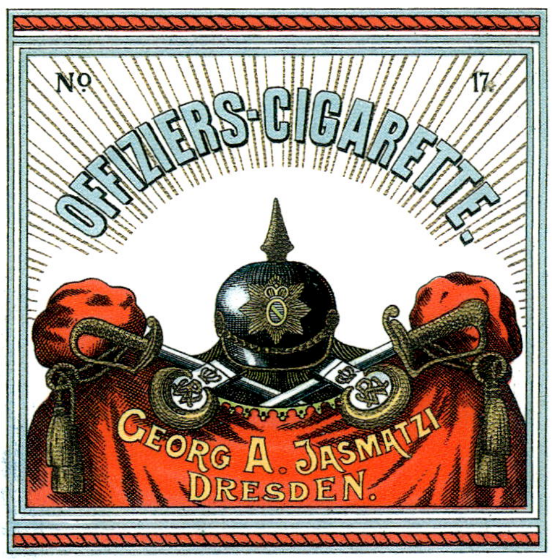

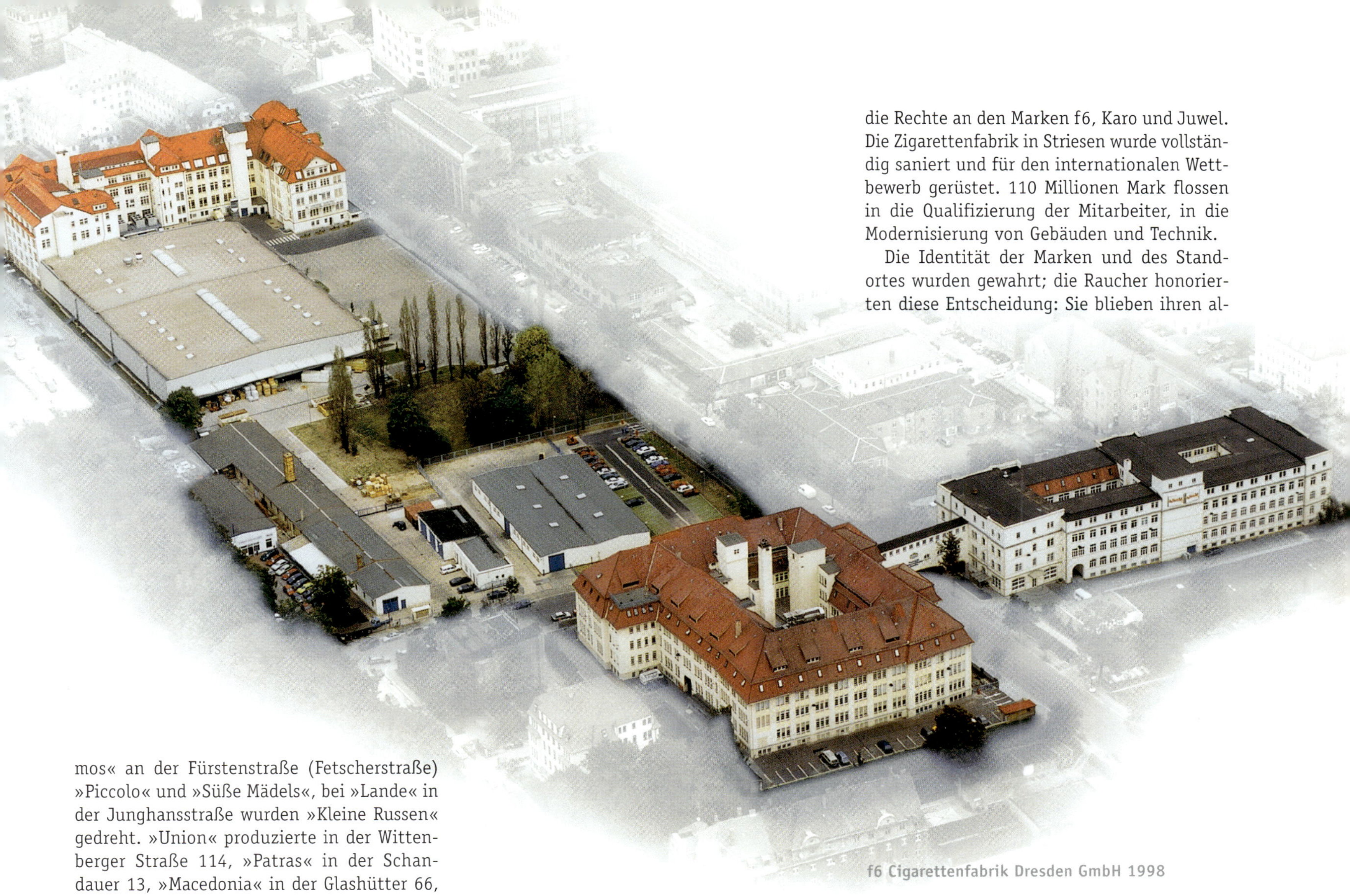

die Rechte an den Marken f6, Karo und Juwel. Die Zigarettenfabrik in Striesen wurde vollständig saniert und für den internationalen Wettbewerb gerüstet. 110 Millionen Mark flossen in die Qualifizierung der Mitarbeiter, in die Modernisierung von Gebäuden und Technik.

Die Identität der Marken und des Standortes wurden gewahrt; die Raucher honorierten diese Entscheidung: Sie blieben ihren alten Marken treu. Trotz der plötzlichen Vielfalt des Angebotes kauft fast ein Drittel der ostdeutschen Raucher f6. Im bundesdeutschen Vergleich nimmt die Marke den fünften Platz ein. Um die Bedeutung der f6 für den Erfolg des Unternehmens zu dokumentieren, wurden die Vereinigte Zigarettenfabriken Dresden GmbH im September 1998 in f6 Cigarettenfabrik Dresden GmbH umbenannt.

f6 Cigarettenfabrik Dresden GmbH 1998

mos« an der Fürstenstraße (Fetscherstraße) »Piccolo« und »Süße Mädels«, bei »Lande« in der Junghansstraße wurden »Kleine Russen« gedreht. »Union« produzierte in der Wittenberger Straße 114, »Patras« in der Schandauer 13, »Macedonia« in der Glashütter 66, »Yramos« in der Laubestraße. Das »Haus Bergmann« stand in der Bärensteiner Str. 16–18.

Auch im Zweiten Weltkrieg lief die Produktion auf Hochtouren. Zigaretten waren zur Moralisierung der Soldaten als kriegswichtig eingestuft. Frauen, Kriegsgefangene und sogenannte Fremdarbeiter standen bis zur Erschöpfung an den Maschinen.

Die meisten Tabakfabriken in Striesen wurden 1945 ganz oder teilweise zerstört. Die Tabaklager brannten aus. Aber die Soldaten der Roten Armee brauchten Papyrossi; die deutsche Bevölkerung war rauchend besser bei Stimmung zu halten. Bald arbeiteten die Werke wieder – 1946 standen jedem Mann zehn, jeder Frau fünf Zigaretten am Tag zu. Die Besitzer der meisten Werke aber wurden enteignet, die Betriebe »volkseigen«. 1959 wurden die VEB »Jasmatzi«, »Macedonia«, »Greiling« und »Kosmos« zum VEB Vereinigte Dresdner Zigarettenfabriken mit Hauptsitz an der Schandauer Straße, Werk I (ehemaliges Jasmatzigebäude) und Junghansstraße (ehemals Lande) zusammengelegt.

Nach der politischen Wende – im September 1990 – übernahm die Philip Morris GmbH (München) die Vereinigte Zigaretten GmbH sowie

Produktionstechnik in der f6 Cigarettenfabrik

Der »Imperator«

von Striesen

Die Geschichte vom armen Sohn, der auszog und Millionär wurde, begann im tief katholischen Eichsfeld und endete in Striesen. In dem kleinen Dorf Gernrode gebar die Magd Katharina Ernemann am 28. Mai 1850 ein uneheliches Kind. Die Schande und das Gerede sind vorstellbar. Der Junge Heinrich ging in die einklassige Dorfschule und mit 14 auf Wanderschaft. In Stuttgart nahm ihn ein Schlossermeister in die Lehre; in Pirna ließ er sich zum Kaufmann ausbilden. In Dresden auf der Blochmannstraße gründete er als 26jähriger eine Posamenten-, Strumpf-, Westen- und Weißwarenhandlung.

Nicht weit davon, in einem Hinterhaus, bauten der Tischler Wilhelm Matthias und seine vier Gesellen hölzerne fotografische Apparate in ganz kleinen Stückzahlen nach. Die unscheinbare Manufaktur gewann das Vertrauen des weitsichtigen Posamentenhändlers. In einer Sternstunde des Jahres 1889, mit knapp 40 Jahren, tat er sich mit dem Handwerker zur »Photographischen Apparatefabrik Ernemann & Matthias« zusammen. Die beiden Geschäftspartner hatten Erfolg, sie bauten an und zogen um. Schließlich, nach vier gemeinsamen Jahren, ging Ernemann wieder seine eigenen Wege, die ihn nach Striesen führten.

Dort, an der Schandauer Straße, baute er sein Stammhaus, in dem schon vor dem Ersten Weltkrieg über 800 Beschäftigte – Arbeiter, Wissenschaftler, Angelernte und Lehrlinge – hochmoderne Kameras und Filmapparate herstellten. Längst war die hochpräzise Produktion in Europa und Übersee bekannt. Eine Weltneuheit nach der anderen verließ das Werk. »Kino«, die Wortschöpfung Ernemanns, war bald in aller Munde und vor aller Augen. 1903 kam die erste Amateurschmalfilmkamera mit Projektor, 1909 die Kinomaschine »Imperator« auf den Markt. Schon vier Jahre später surrte sie in 22 von 28 Pariser Lichtspielhäusern. Eine Weltsensation war die »Ernemannzeitlupe«, mit der statt 16 Aufnahmen 300 in derselben Zeit gemacht werden konnten.

Montage der Kinomaschine D 1 1954

linke Seite:
Ernemannbauten
1897 siedelte sich Ernemann auf dem Grundstück an der Schandauer Straße an und baute hier zwischen 1905 und 1913 das Stammhaus (rechts im Bild). Bis 1923 wurde der 1914 geplante Neubau errichtet und durch eine Straßenüberführung mit dem Altbau verbunden. Der 48 Meter hohe Turm galt als Wahrzeichen der Dresdner Kameratradition. Vor seinem Bau gab es reichlich Zoff mit der Versöhnungskirche, die als Nachbarin solche Höhe gleich neben dem eigenen Turm nicht zulassen wollte. Ernemann schlichtete den Streit mit einer vermutlich oppulenten Spende. Unbekannt ist, warum er seinen Plan, eine Sternwarte in dem sechseckigen Kuppelbau aus Eisenbeton einzurichten, nicht wahr machte.

rechts:
»Göttin des Lichts«
Der Loschwitzer Jugendstilmaler Hans Unger entwarf das Glasmosaik der »Göttin des Lichts« an der Straßenseite des Stammhauses. Sie war von 1903 bis 1920 ein Markenzeichen der Firma.

gelang zunächst mit einem Notprogramm der Neubeginn. Bald verließen wieder im In- und Ausland begehrte Filmmaschinen und Spiegelreflexkameras das Werk, das nach dem Zusammenschluß mit anderen Dresdner Kamerawerken seit 1964 unter dem Namen »Pentacon« oder zwischenzeitlich als »Zeiss Ikon« auftrat.

Fast genau 100 Jahre nach der Gründung des Werkes kam mit der Entindustrialisierungswelle in der ehemaligen DDR im Lande des materiellen Überflusses das endgültige Ende. Am Tag vor der deutschen Einheit wurde »Pentacon«, die Kino- und Kamerawerke, zum ersten großen Konkursfall im Osten Deutschlands. An jenem 2. Oktober 1990 beschloß die Treuhand, den »nicht marktfähigen« Betrieb zu liquidieren und die gesamte Produktion stillzulegen. Mit dem Arbeitsamt wurde das Modell einer Beschäftigungsgesellschaft »Pentacon« entwickelt, um das Ende sozialverträglich zu machen. Umschulungskurse wurden gehalten, in denen die Mitarbeiter neue Berufe vom Maurer bis zum PR-Berater lernten.

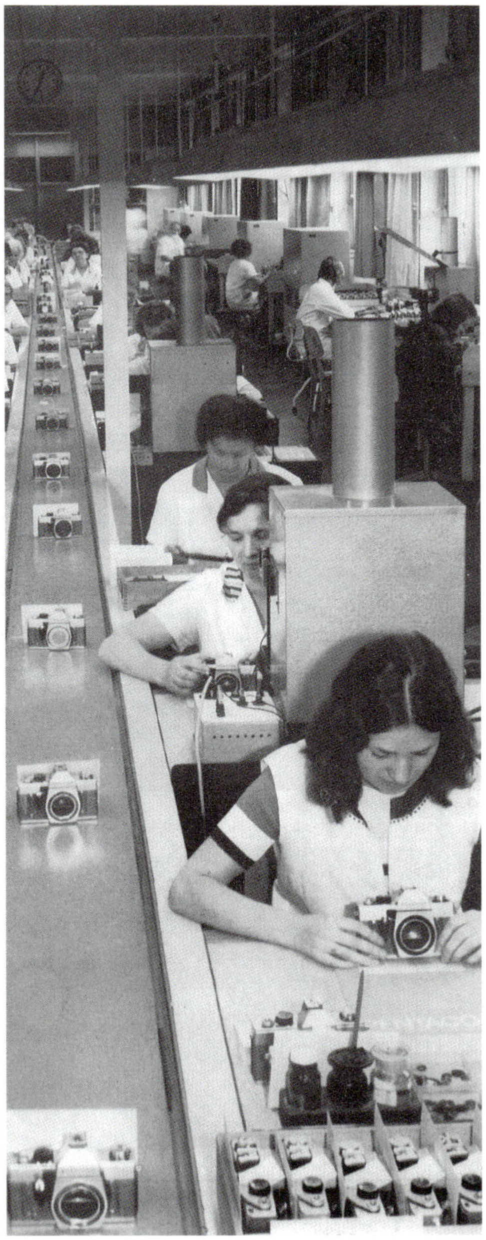

Praktica vom Fließband, etwa 1966

Ernemanns Sohn Alexander stieg als Technischer Direktor, sein Schwiegersohn Johannes Heyne als Kaufmännischer Direktor in das Unternehmen ein. Die Erfolgskette setzte sich fort. 1926 fusionierte das Werk mit weiteren kameraproduzierenden Betrieben zur Zeiss-Ikon-AG. Als Dr. Ing. e. h. Heinrich Ernemann, der »Imperator«, zwei Jahre später als Millionär und Großindustrieller starb, war aus der Hinterhofwerkstatt ein weltbekanntes und geachtetes Unternehmen, Europas größter Kamerahersteller mit 3000 Mitarbeitern geworden.

Kurz vor und während des Zweiten Weltkrieges arbeitete die Zeiss-Ikon-AG vor allem für die Rüstung. Bombenzieleinrichtungen, Granatenzünder, Instrumente für die Untersuchungen von Waffen und Munition brachten riesige Gewinne. Um den Kriegsbedarf zu decken, wurde der Betrieb erweitert. Über 1000 Fremdarbeiter aus 17 Ländern, eine Sonderabteilung mit 200 jüdischen Zwangsarbeitern, 160 Antifaschisten aus Konzentrationslagern und 120 Kriegsgefangene arbeiteten zusätzlich im Werk. In Elendsquartieren – im Barackenlager auf dem Heller oder in einstigen Tanzsälen – verbrachten viele die wenigen Stunden nach der Maloche. Erst 1998 wurden Filmaufnahmen bekannt, die erschütternd das furchtbare Elend zeigen.

Während die Gebäude der Striesener Ihagee- und Ica-Kamerawerke völlig zerstört wurden, überstanden Ernemanns Produktionsstätten den Zweiten Weltkrieg mit geringen Schäden. Die Zerstörungen setzten später ein, als die sowjetische Besatzungsmacht noch die letzte verrostete Schraube, den letzten Draht demontierte. 1946 wurde Alexander Ernemann enteignet. Er ging nach Kiel, wo er eine neue Produktion aufbaute.

Allen Widrigkeiten zum Trotz, mit fast nichts als dem Mut und dem Fleiß der Belegschaft,

Practica BX 20s aus der Enderstraße
Nicht mehr in Striesen, in Gruna und Niedersedlitz, wagten ehemalige Betriebsangehörige von »Pentacon« 1991 den Schritt zur Wiederbelebung des Dresdner Kamerabaus. In der Enderstraße wurde im April 1991 die Jos. Schneider Feinwerktechnik GmbH & Co. gegründet, die seit 1. 1. 1998 als Pentacon GmbH Foto- und Feinwerktechnik firmiert. Hier behaupten sich etwa 100, in der »Kamerawerke Dresden GmbH« etwa 50 Beschäftigte erfolgreich auf dem Markt.

Das Projekt scheiterte nach Schwierigkeiten mit der Treuhand. Etwa 3000 Mitarbeiter hatte Pentacon in Striesen. Die Massenentlassungen fanden im Frühjahr und Sommer 1991 statt. Von da an wurden in den Betriebsteilen nur noch ein paar Manager zur Verwaltung der Konkursmasse und zum Verkauf der Immobilie gebraucht.

Rot und Braun, Christenkreuz und Davidstern

Wahlpropaganda 1938
Die damalige Scharnhorstschule, Lehr- und Erziehungsanstalt für Knaben in der Eisenacher Straße, heute Kreuzgymnasium, zur Wahl am 10. April 1938. Als Kandidat stand nur einer zur Verfügung.

Auf einem Sonderprozeß »Sparschuh und Genossen« in Zwickau wurden 1934 65 Dresdner Antifaschisten, darunter viele Striesener Jungkommunisten, zu Freiheits- und Zuchthausstrafen verurteilt. Andere, wie der Schuhmacher Otto Galle aus der Kyffhäuserstraße, die Schneiderin Rosa Menzer aus der Markgraf-Heinrich-Straße, Lene Glazer oder Otto Blochwitz starben in den Gefängnissen oder Konzentrationslagern der Nazis.

Striesens moderne Industrie hatte zur Ansiedlung einer hochqualifizierten Arbeiterschaft geführt. Aber mit der Weltwirtschaftskrise waren Entlassungen in den Kamera-, Tabak- und anderen Betrieben traurige Alltäglichkeit geworden. Auf dem Markgraf-Heinrich-Platz trafen sich die Elenden und Enttäuschten. Es wurde gepokert, getrunken und diskutiert. Nazipropaganda, die Arbeit und Gleichheit der »Volksgenossen« versprach, traf auf fruchtbaren Boden. In den Arbeiterkneipen – der »Erdkugel«, dem Stammlokal der Kommunisten in Altstriesen, im »Sächsischen Prinzen« an der Schandauer Straße oder im Volkshaus Ost der SPD, dem heutigen Filmtheater Ost – gab es bis zu Hitlers Machtantritt heftige Versammlungen und heiße Stammtischdebatten.

1933 verboten die Nazis alle Parteien und Vereine. In Wohnungen und Werkstätten wurden nun illegal Flugblätter und Plakate geschrieben, gedruckt und dann in Nacht- und Nebelaktionen verteilt. In der Schuhmacherwerkstatt von Otto Galle wurden beim Reparieren brisante Neuigkeiten ausgetauscht. In der Wohnung von Menzers, bei der Roten Rosa von Striesen, liefen zeitweise die Fäden des Widerstandskampfes zusammen. Flächendeckende Razzien setzten seit 1934 ein Ende.

Spätestens mit dem Krieg erlahmte in Striesen der Widerstandskampf ganz. Seine Träger waren in den Konzentrationslagern, Gefängnissen oder im Feld. Schließlich verschwanden auch die Judensterne immer mehr aus dem Stadtbild. Nun wehten zu den großen Anlässen die Hakenkreuzfahnen der Striesener NDSAP-Ortsgruppen »Wartburg«, »Barbarossa« und »Niederwald« ungefährdet an den Häusern, Straßen und Plätzen.

An den Schulen hatten sich seit 1933 die Lehrpläne kraß geändert. Regelmäßig wurde »durch exakte Feststellungen« die Rassenzugehörigkeit der Schüler gezählt. An der 24. Volksschule in der Hadnstraße lernten 1935 17 »Volljuden« und 4 »Mischlinge«, 1937 waren es nur noch 7 »Volljuden« und 2 »Mischlinge«. Im nächsten Schuljahr gab es keine Juden mehr an der Schule. Zu Schuljahresbeginn 1936 war mit Marschmusik und markigen Reden neben der Hakenkreuzfahne die Hitlerjugendfahne aufgezogen worden, was seitdem täglich demonstrierte, 95 % der Schüler sind in NS-Jugendorganisationen.

Wahlkampf für die KPD, 1928
Nach seinem Machtantritt verbot Hitler alle Vereine und Parteien. Juden wurden gnadenlos verfolgt. Weil sie Jüdin und Kommunistin war, mußte Rosa Menzer (Mitte) 1942 in den Gaskammern der Nazis sterben.

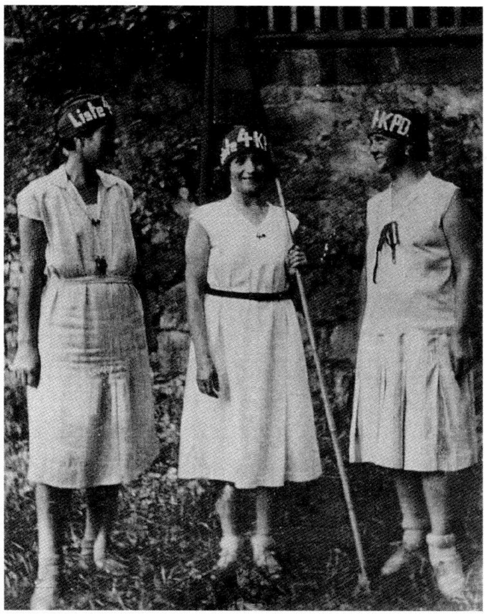

Arisierung

Wohnhaus, Striesen, kleine Wohngn., Jetztmiete 8200.M. mit leerst.Fabrik. 700 qm. Friedensmiete 2800 M. für 70 000 M zu hab. d. Makler Paul Gehner, Schloßstr. 18.

Weniger laut, doch für manchen nicht minder leidvoll griff die neue Ideologie in das Leben der Kirchgemeinden ein. Predigten in SA-Uniform statt im Talar, wie sie zu den sogenannten Reichsgottesdiensten im Gemeindesaal der Versöhnungskirche vorkamen, waren für viele mit wirklichem Glauben nicht vereinbar. Auch die »Bekennende Kirche«, die strikt an den alten Lehren festhielt, blieb ein kleines Häufchen. Tonangebend war auch hier die breite Masse.

Dr. Katz, der jüdische Krankenbehandler von der Borsbergstraße

Im Juli 1938 ging an alle Dresdner Krankenkassen ein Rundschreiben des Kassenärztlichen Verbandes, Bezirksstelle Groß Dresden. In dem Brief wird die Ernennung von Dr. Willy Katz zum einzigen jüdischen Krankenbehandler für Dresden mitgeteilt. Seine Praxis auf der Borsbergstraße 14, seine Medikamentenverordnungen und Krankschreibungen wurden vom Geheimdienst streng überwacht. Der Spagat des Arztes zwischen den nationalsozialistischen Behörden und seinen jüdischen Patienten war größer kaum möglich. »Er ist ein Schisser, er schreibt niemanden arbeitsunfähig aus Angst vor der Gestapo«, hieß es unter den Juden. Die Nazis wiederum monierten den hohen Medikamentenverbrauch. Seit 1942 mußte der Arzt die Deportationen nach Theresienstadt begleiten.
Als Katz 1947 starb, hielt Victor Klemperer die Grabrede: »Ich kann es bezeugen, weil ich es aus allernächster Nähe erfahren und selbst beobachtet habe, und ich bezeuge es an dieser Stelle und in dieser Abendstunde mit allem Nachdruck: Unser Dr. Katz hat alles getan, was er tun konnte. Er hat dabei sein eigenes Leben oft aufs Spiel gesetzt. Ich werde ihm das für Zeit und Ewigkeit nie vergessen.«

Teeschlüter
Auch Teeschlüter an der Ecke Wittenberger/Tittmannstraße wurde 1945 zerstört. Als Zwangsarbeiter lernten sich hier Victor Klemperer und der stadtbekannte jüdische Arzt Heinrich Conradi kennen. 1943 kaufte Conradi in der Neustädter Markthalle ein Bund Radieschen. Die waren Mangelware und nicht für Juden. Der Arzt kam ins Gefängnis, wo er drei Tage später vergiftet aufgefunden wurde.

Die Häuserzeile Müller-Berset-Straße 21 – 29 vor und nach dem 1000jährigen Reich

Ein Ort wie die Hölle

Ruine Tittmannstraße 8.
In dem Haus wohnte der Kunstwissenschaftler Dr. Fritz Löffler, der spätere Verfasser des Buches »Das alte Dresden«. Seine gesamte Habe verbrannte in diesem Haus, darunter mehrere hundert grafische Blätter und Zeichnungen von Barlach, Felixmüller, Grosz, Kandinsky, Klee, Kollwitz, Nolde und Künstlerfreunden aus der Dresdner Sezession.

»Auf der Straße war die Hölle los. Ein furchtbarer Sturm blies uns mit orkanartiger Stärke von der Borsbergstraße dem Großen Garten zu. Manche Häuser brannten nur in den Obergeschossen und im Dachstuhl. Aus anderen schlugen die Stichflammen, vom Sturm angefacht, aus den Erdgeschoßwohnungen, an manchen Häusern schienen die Steine zu brennen, weil der flüssige Phosphor brennend die Hauswand herablief …

Wir liefen schon in der Mitte der breiten Straße, aber die Höllenglut hatte den Asphalt so sehr erweicht, daß man bei jedem Schritt festzukleben fürchtete … Auf diesen ersten nur 250 Metern … fiel mir Gisela mehrere Male aus den Armen, und Horst hob sie immer wieder auf. ›Ach laß sie liegen, wir haben ja sowieso nichts mehr‹, soll ich verzweifelt geäußert haben. Ich war offenbar so erschöpft und so gleichgültig geworden, daß ich nicht mehr Herr meiner Sinne war, ich wußte ja nicht einmal, ob sie noch lebte. Sie war ganz still.«
Erinnerungsbericht (stark gekürzt) von Frau Ilse Pope, die damals mit Mann Horst und Tochter Gisela in der Müller-Berset-Straße 46 wohnte.

Die erste Angriffswelle kam am Abend des Faschingsdienstags, als die Kinder mit Masken und Schleiern auf dem Markgraf-Heinrich-Platz und der Borsbergstraße herumhüpften. Noch zweimal kamen die Bombengeschwader am Aschermittwoch. Brandbomben und Luftminen trafen Striesen verheerend. Etwa 800 Häuser, Fabriken, öffentliche Gebäude wurden zu Trümmern. Noch tagelang brannte der Stadtteil zwischen Fetscher- und Bergmannstraße, Stübelallee und Wormser Straße.

Dieses Gebiet wurde bis auf wenige Gebäude zerstört. Auch vom alten Dorfkern blieben nur einige Anwesen stehen. Hammers Hotel an der Augsburger Straße wurde zu Trümmern, ebenso die Gloria-Palast-Lichtspiele, der ehemalige »Sächsische Prinz« an der Schandauer Straße. Schwer beschädigt wurde die Erlöserkirche an der Wittenberger/Paul-Gerhardt-Straße. Kaputt und trümmerbedeckt waren Striesens Straßenbahnanlagen, zerbombt, beschädigt oder geplündert Lebensmittelgeschäfte, Bäckereien oder Vorratslager, wie das im Keller der 24. Volksschule in der Haydnstraße.

»Ich sah, wie Säcke aufgeschlitzt wurden. Zucker war darin, er rieselte heraus. Erst die Soldaten der Roten Armee geboten Einhalt. Warnschüsse fielen. Aber wir Kinder bekamen von den Soldaten zu essen«, berichtet ein ehemaliger Schüler. Ein anderer Einwohner wieder erinnert sich, wie Truppenteile der Roten Armee Bäckereien, Lebensmittelläden und Wohnungen auf der Wittenberger Straße ausräumten. Eine Frau aus der Rosa-Menzer-Straße berichtet, wie ein junger Offizier sie vergewaltigte und sich danach verzweifelt entschuldigte. Viele Gesichter hatte diese Zeit.

Einwohner, die das Inferno überlebt hatten, waren in die Vororte oder weiter hinaus geflohen und wagten sich erst allmählich zurück. Wohin sollten sie auch? Ihr Zuhause gab es nicht mehr. Eltern, Kinder, Geschwister oder Freunde lagen in den Trümmern. Aber Meldetermine mußten eingehalten werden, sonst war das Wohnrecht in der zerstörten Stadt verwirkt. Sie kamen mit kleinen Handwagen und Rucksäcken, in denen die letzten Habseligkeiten waren. Nun spielte es keine Rolle mehr, ob diese einst in einer bürgerlichen Etagenwohnung oder in einem engen Fachwerkhaus von Altstriesen gestanden hatten. Wer noch ein Dach über dem Kopf hatte, und war es noch so löchrig, teilte seine vier Wände bald mit vielen anderen.

Erinnerungen von Elisabeth Troschütz, Inhaberin der Bäckerei Altstriesen 23, an die Bombenangriffe am Faschingsdienstag und Aschermittwoch, aufgeschrieben im Frühling 1945 (stark gekürzt):
Der Laden war an diesem Tage wie ausgeräumt. Die Semmeln und Pfannkuchen waren alle, nur noch 2–3 dunkle Brote waren im Regal …
Es war halb zehn Uhr abends, als Albert gestürzt kam und sagte: »Sofort alle mit allem Luftschutzgepäck in den Keller. Im Londoner Rundfunk melden sie Großangriff auf Dresden.« In Eile stürzten wir los. Alle waren noch sehr gesprächig. Marga wollte das Kellerfenster in der Mehlkammer mit Ziegeln zusetzen, als sie rief: »Kommt mal her; es ist taghell draußen.« Frau Willmann sagte: »Sie haben Christbäume gesetzt«, und los ging der furchtbare Schrecken. Die Bomben wurden abgeworfen mit ihrer Last und Schwere. Ein Volltreffer hatte Altstriesen 19 getroffen. Unser Haus fing dabei unheimlich zu wackeln an. Es war, als wenn die Kellerdecke herunterkam und wieder zurückging. Durch das Backstubendach war eine Stabbombe geflogen, die auf dem Backofen ohne zu explodieren abbrannte. Ununterbrochen dröhnten die Bomben über uns. Eine halbe bis dreiviertel Stun-

Ruinen von Altstriesen

de dauerte es, ehe die Tod und Verderben bringenden Fliegerverbände abflogen ...

Ganz Altstriesen und die umliegenden Häuser brannten lichterloh ... In unserer Wohnung lagen die Fenster und Türen herausgeworfen; überall trat man auf Glas. Es war kein Wasser in der Leitung. Es herrschte in den Räumen eine Finsternis, auf der Straße brauste der Feuersturm. Frau Wüstrich, Frau Frenzel und ich holten Wasser in Eimern aus dem Löschteich auf dem Platze. Ich schwemmte damit das Backstubendach, weil dauernd feurige Holzstücke von oben herunterfielen ... Wir hatten das Feuer sehr zurückgedämmt. Da kam gegen halb zwei Uhr ein neuer Angriff ... Wir mußten eiligst in den Keller, und schon ging das furchtbare Dröhnen und Krachen der schweren Bomben wieder los ...

Frau Müller (Preißens Lotte) sagte zu mir: »Frau Troschütz, wollen wir lieber ins Freie wegen der Einsturzgefahr.« Ich hielt es auch für besser. Wir rannten hinter auf den Wäscheplatz und legten uns lang auf die Erde. 2 bis 3 Meter vor uns fiel eine Stabbombe und brannte ab. Ich fand eine Wanne, die ich über den Kopf nahm. Ich habe dort nur an Marianne, Johannes und an den eigenen Tod gedacht ... Nach zwei Uhr flogen die Bomberwellen wieder ab ... Frau Müller sah ich nicht wieder.

In unserem Haus fand ich niemanden mehr, ich eilte in unsere Wohnung und dachte, was nun machen. Überall ringsum brannte es lichterloh. Ich nahm einen Tragekorb, legte Mäntel, Kleider von mir rein, Nähkörbchen, Kamm und Geldkästchen voll mit 50-Pfennig-Stükken und ein braunes Emailletöpfchen mit Butter, einen Marmeladeneimer und zwei Brote. Da erschien auf einmal Albert ...

Wir wollten damit in unseren Garten. In der Laube hatten wir verschiedene Sachen für die erste Unterkunft. Auf dem Platz rissen die Bänder vom Korb und ich mußte ihn stehenlassen ...

Als wir in die Haenel-Claus-Straße wollten, mußten wir über Steinberge von zusammengeschossenen Häusern klettern. Die Flammen schlugen uns von rechts und links entgegen. In unseren Garten kamen wir nicht. Wir fanden ihn einfach nicht in der Verwüstung. In einem ganz kleinen Holzbudel, wo höchstens zwei Personen Platz hatten, verbrachten wir den Rest der Nacht. Ein Frau, die sehr jammerte, war mit dort ... Es wurde erst gegen 9 bis 10 Uhr ein bißchen hell. Der Feuerqualm verdunkelte die Natur ganz und gar. Ich bat Albert, den Korb zu holen ... Der Korb war auf dem Platz verbrannt. Albert brachte die zwei angekohlten Brote mit, worüber wir uns trotzdem freuten ...

Ich wollte zurück zu unserem Haus. Aber es war unmöglich vor Trümmern, über die Schandauer Straße zu kommen. Da kam gegen zwölf Uhr mittags schon wieder ein neuer starker Angriff, dem sämtliche Hinterhäuser in Altstriesen zum Opfer fielen. Ich war so gleichgültig geworden, daß ich den Angriff im Freien entgegennahm. Albert ging in einen Bunker. Fiedlers Kühe haben den Tod im Stall erlitten. Sie konnten nicht mehr losgebunden werden.

»Lebenszeichen«
von Liesel Troschütz, Marga Schwarick, Albert Schwarick an Verwandte in Hirschsprung. Tausende solcher Karten verschickten die Dresdner in den Februartagen 1945.

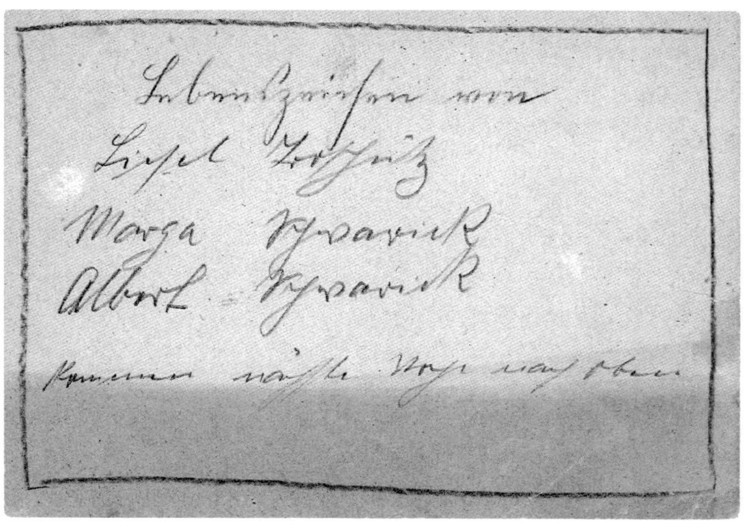

Kriegsschäden

Schon im Mai 1945 wurden der Blasewitzer Architekt Fritz Steudtner und der Striesener Maler Helmar Helas beauftragt, die Kriegsschäden in den Territorien der jeweiligen NSDAP-Ortsgruppen zu kartieren. Im dargestellten Gebiet waren 81 % (361) der Gebäude total, 5 % schwer, 12 % mittel und 15 % leicht zerstört.

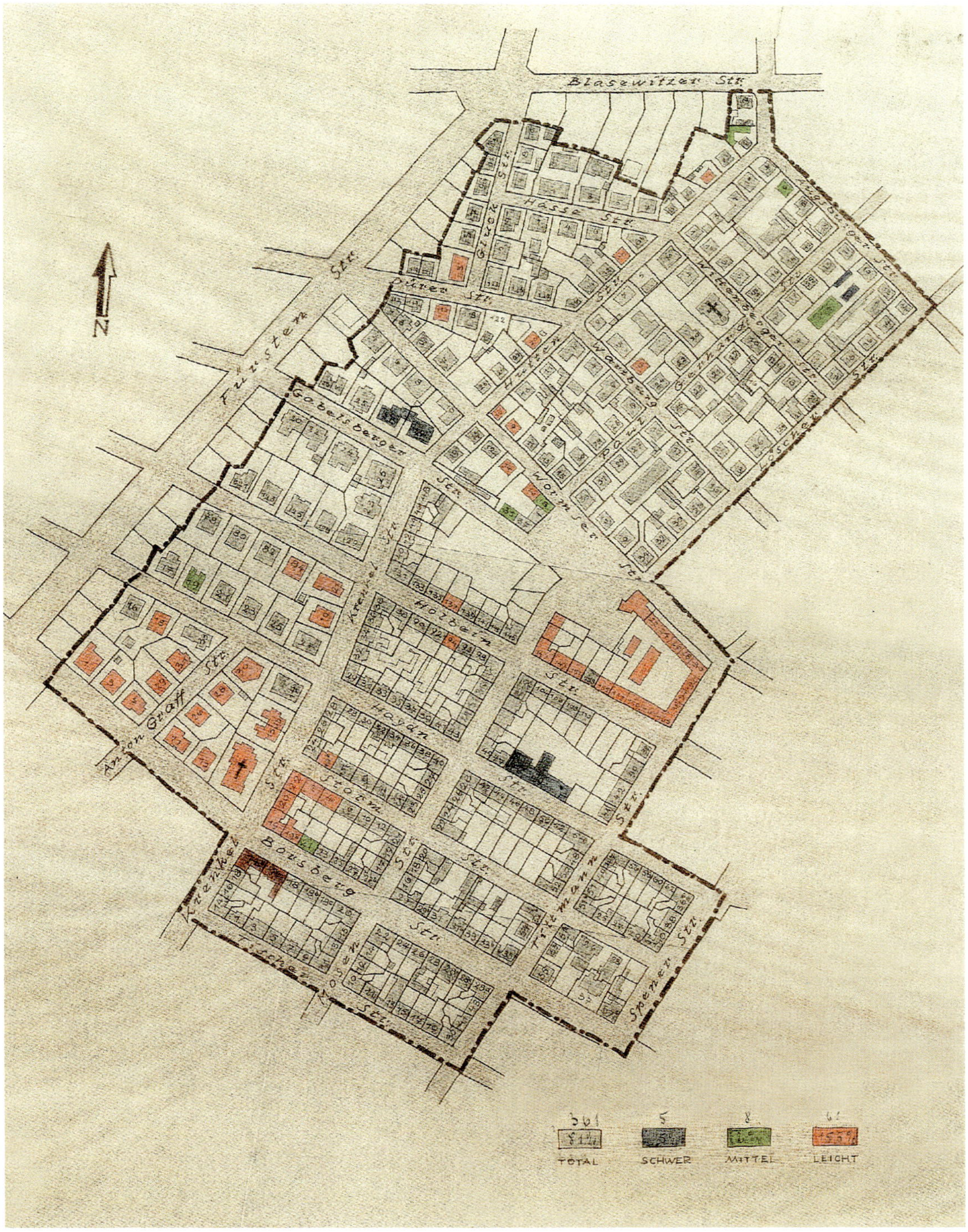

linke Seite:
Borsbergstraße 21 – 25, 1953

Das Leben geht weiter.
Kinder werden geboren, Bäume gepflanzt, Häuser gebaut. Tittmannstraße 1953. Im Hintergrund die 24. Oberschule auf der Haydnstraße.

Borsbergstraße, 1953
Mitten in den Trümmern hat Fleischer Rasch in seinem Hintergebäude den Laden wiedereröffnet

Allmählich faßte das Leben wieder Fuß zwischen den Ruinen. Die Trümmer wurden von den Straßen geräumt. Im Oktober 1945 fuhren die Straßenbahnen, und im Spätherbst öffneten die Schulen wieder. Wo immer es ging, wurden Häuser repariert, halfen sich die Menschen. Auf den einstmals gepflegten Vorgärten und Höfen, am Stresemannplatz und Pohlandplatz wuchsen Tabak, Kartoffeln und Rüben. Und die Kinder spielten in den verlassenen Kellern und Ruinen abenteuerliche Spiele, frei von den kleinlichen Verboten der Erwachsenen aus Angst um Schmutz und Kratzer am Putz.

Das letzte Haus von Altstriesen, 1998
Ein zweites Mal nach 1813 wurde das alte Striesen ausradiert. Auch dieses Mal blieben nur wenige Gebäude stehen. Um 1960 wurden sie abgerissen. Auf Altstriesener Boden entstanden in den sechziger/siebziger Jahren neue Häuser. Die einstigen Straßen und Grundstücke wurden dabei völlig überbaut. Unter einem Sargdeckel aus Beton liegt Altstriesen begraben. Nur dieses Haus in der Geisingstraße, erbaut etwa 1850, erinnert noch an das alte Dorf. Nichts blieb von der Idylle in der Stadt. Fremde wundern sich über Straßenbezeichnungen wie »Am Landgraben« oder »Altstriesen«.

Denkmal an den Krieg
Hinweise auf ehemalige Luftschutzräume im Keller Wormser Straße 59 b (bis 1997) und Bärensteiner Straße 8

Mit Händen, Hacke und Schaufel

rechts: Die Holbeinstraße wird aufgebaut

Trümmerfrauen an der Wormser Straße

Seit Ende der fünfziger Jahre kam es zu Gründungen von Arbeiterwohnungsbaugenossenschaften. Der Beitritt, verbunden mit einer Geldzahlung und Hunderten Aufbaustunden, war für viele Menschen die einzige Möglichkeit, zu menschenwürdigen Wohnverhältnissen zu kommen. Fast ohne Technik, mit Händen, Hacke und Spaten, wuchsen aus Striesens Trümmern freundliche Häuser mit modernem Komfort und gutem sozialen Umfeld, so unter anderem an der Wittenberger, Spener-, Holbeinstraße oder südlich der Borsberg- und an der Schandauer Straße.

Es gab hier große grüne Innenhöfe mit Spielplätzen und Ruhezonen. Schulen und Kindergärten oder die Kaufhalle waren meist nicht weit. Jahre und Jahrzehnte hatten die neuen Mieter oft unter defekten Dächern, mit undichten Fenstern, dem Klo auf der Treppe und dicht beieinander auf wenigen Quadratmetern hausen müssen. Wer beschreibt ihr Glück, nach zermürbendem Warten und harter Arbeit endlich die Tür aufschließen und bleiben zu können.

Der erste Spatenstich

Abend für Abend, Wochenende für Wochenende ging es auf die Baustelle.

3 bis 4 Meter tief mit Spitzhacke und Schaufel wurden die Baugruben ausgehoben.

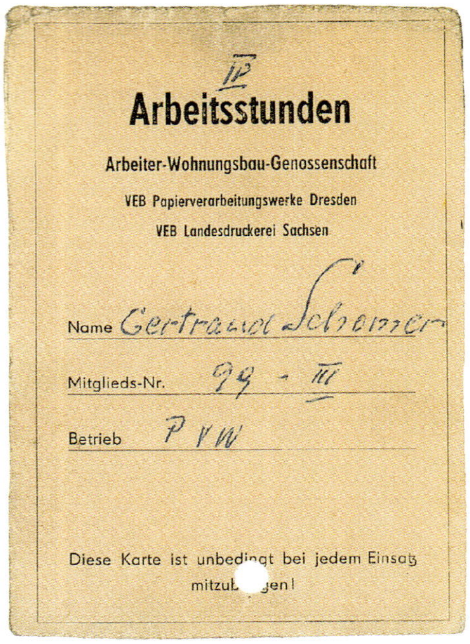

IV

Arbeitsstunden

Arbeiter-Wohnungsbau-Genossenschaft

VEB Papierverarbeitungswerke Dresden

VEB Landesdruckerei Sachsen

Name Gertrud Schommer

Mitglieds-Nr. 99 - III

Betrieb PVW

Diese Karte ist unbedingt bei jedem Einsatz mitzubringen!

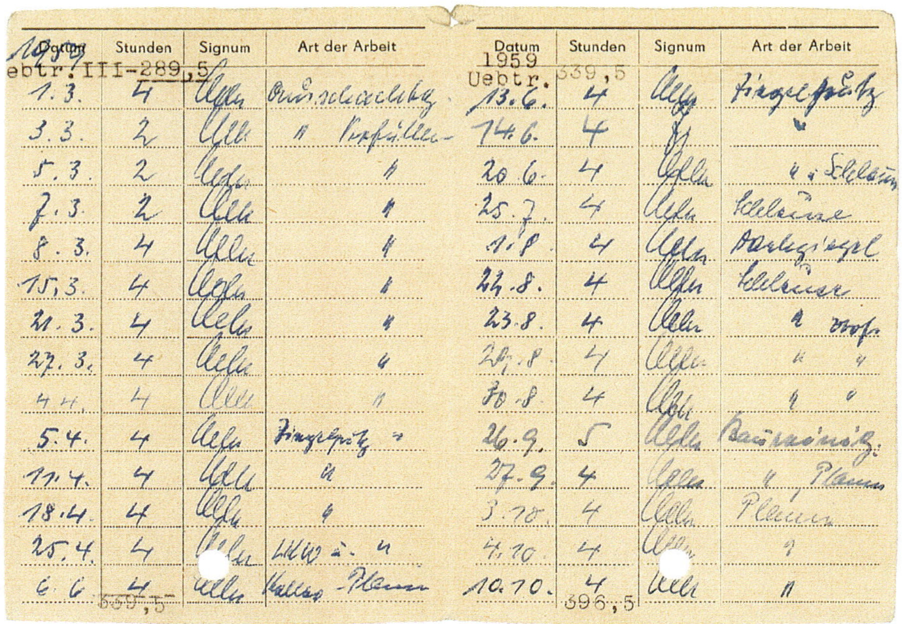

Datum	Stunden	Signum	Art der Arbeit
1959 Uebtr. III-289,5			
1.3.	4	[illegible]	Ausschachtung
3.3.	2	[illegible]	" Verfüllen
5.3.	2	[illegible]	"
7.3.	2	[illegible]	"
8.3.	4	[illegible]	"
15.3.	4	[illegible]	"
21.3.	4	[illegible]	"
27.3.	4	[illegible]	"
4.4.	4	[illegible]	"
5.4.	4	[illegible]	Ziegelputz "
11.4.	4	[illegible]	"
18.4.	4	[illegible]	"
25.4.	4	[illegible]	LKW [illegible] "
6.6.	4	[illegible]	Keller-Planieren
339,5			

Datum	Stunden	Signum	Art der Arbeit
1959 Uebtr.	339,5		
13.6.	4	[illegible]	Ziegelputz
14.6.	4	[illegible]	"
20.6.	4	[illegible]	" u. Schleuse
25.7.	4	[illegible]	Schleuse
1.8.	4	[illegible]	[illegible]
22.8.	4	[illegible]	Schleuse
23.8.	4	[illegible]	" [illegible]
29.8.	4	[illegible]	" "
30.8.	4	[illegible]	" "
26.9.	5	[illegible]	[illegible]
27.9.	4	[illegible]	" Planieren
3.10.	4	[illegible]	Planieren
4.10.	4	[illegible]	"
10.10.	4	[illegible]	"
	396,5		

395,5 Stunden arbeitete Gertrud Schommer als junge Frau 1959 an Wochenenden und am Feierabend für eine Zwei-Raum-Wohnung an der Wormser Straße: Ausschachten, Verfüllen, Ziegelputz, Keller planieren, Schleuse reinigen …

Südliches Striesen zwischen Krenkel- und Müller-Berset-Straße sowie Haydn- und Comeniusstraße

In Richtung Großer Garten wurde 1945 viel historische Substanz, darunter zahlreiche wertvolle Villen, zerstört. Einige Straßenzüge entstanden in Zeilenbebauung neu. Die meisten Häuser gehören heute zur Wohnungsgenossenschaft Johannstadt oder zur Woba Südost und werden nach und nach saniert.

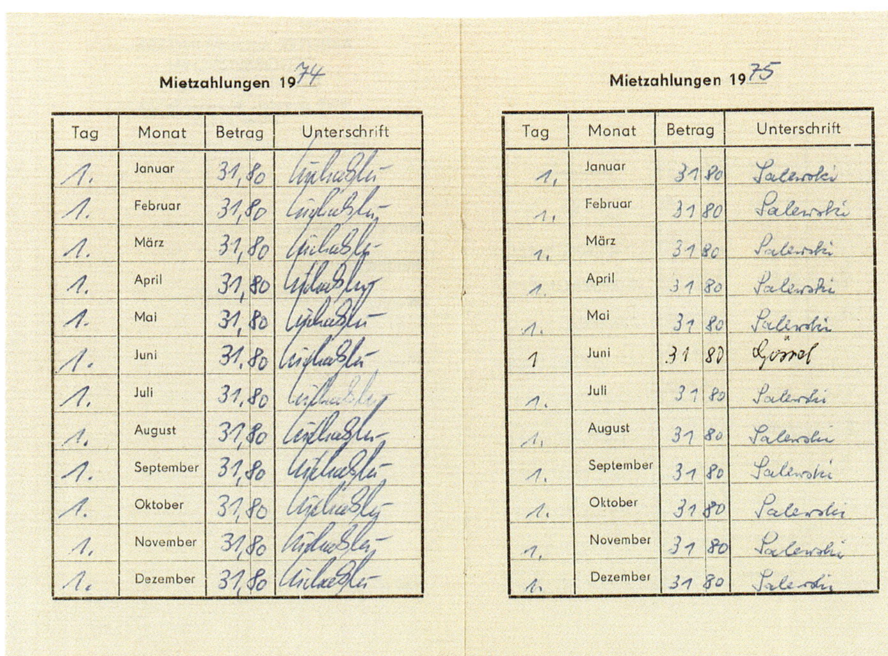

Mietzahlungen 1974

Tag	Monat	Betrag	Unterschrift
1.	Januar	31,80	[illegible]
1.	Februar	31,80	[illegible]
1.	März	31,80	[illegible]
1.	April	31,80	[illegible]
1.	Mai	31,80	[illegible]
1.	Juni	31,80	[illegible]
1.	Juli	31,80	[illegible]
1.	August	31,80	[illegible]
1.	September	31,80	[illegible]
1.	Oktober	31,80	[illegible]
1.	November	31,80	[illegible]
1.	Dezember	31,80	[illegible]

Mietzahlungen 1975

Tag	Monat	Betrag	Unterschrift
1.	Januar	31 80	Salewski
1.	Februar	31 80	Salewski
1.	März	31 80	Salewski
1.	April	31 80	Salewski
1.	Mai	31 80	Salewski
1	Juni	31 80	[illegible]
1.	Juli	31 80	Salewski
1.	August	31 80	Salewski
1.	September	31 80	Salewski
1.	Oktober	31 80	Salewski
1.	November	31 80	Salewski
1.	Dezember	31 80	Salewski

Mietquittung

Freundliche Preise, für die sich leider kein Haus erhalten ließ

Die Borsi – erste Plattenstraße in Dresden

Die Parteiführung der SED in Berlin erklärte 1955 die zerstörte Borsbergstraße in Striesen zum ersten Modell- und Experimentiergebiet für den industriellen Wohnungsbau in Dresden. Der junge Wolfgang Hänsch, der spätere Architekt der Semperoper, fertigte mit seinen Kollegen die Pläne und überwachte die Durchführung.

Es ging darum, die traditionelle Bauweise allmählich zu verabschieden und zum typisierten Plattenbau zu kommen. Nur so konnten in kurzer Zeit die Trümmer sinnvoll beseitigt, die Wohnungsnot mit den wenigen männlichen Fachkräften gemildert werden.

Borsbergstraße/Ecke Tittmannstraße 1900, 1950 und 1959. Links die katholische Herz-Jesu-Kirche.

Baulicher Abschluß
war ein achtgeschossiges Wohn- und Atelierhaus

»Für mich war dieser Auftrag die Erlösung vom staatlichen Zwang zum Neoklassizismus, wie er zu Stalins Zeiten praktiziert wurde. Alle großen Projekte mußten diesen Formalien entsprechen, die ästhetische Staatslinie waren. Nach Stalins Tod und mit Chruschtschow lokkerten sich die Auffassungen. Wir wollten und konnten nun modern bauen, konnten auch die Farben in die Architektur bringen und damit die baulichen Strukturen, die moderne Baugesinnung deutlich machen: Taubenblau führten wir die Paneele aus, gelb die Großblockschäfte …«
Wolfgang Hänsch, Architekt der Borsbergstraße 1998

Häuserfront in der originalen Farbigkeit, 1957

Borsbergstraße 1997

An der Müller-Berset-Straße arbeitete seit 1955 ein neues Betonwerk. Aus allen Stadtteilen wurden Trümmerziegel angeliefert, die sich zu riesigen Halden türmten, um dann in großen Mahlwerken zu 2 bis 3 Zentimeter großen Stücken zerkleinert zu werden. Daraus wurden Platten gepreßt, die nach der sogenannten Paneelbauweise in die vorher montierten Stahlkonstruktionen der künftigen Häuser montiert wurden.

Drei Jahre drehten sich die Kräne, fuhren die Loris entlang der Borsbergstraße. 1958 war ein neuer städtebaulicher Raum mit dichtem Straßenerlebnis, mit durchgehenden Läden in den Erdgeschoßzonen im Sinne einer Wohn- und Geschäftsstraße entstanden. Die Borsbergstraße hat auch nach 40 Jahren nichts von ihrer Qualität und Akzeptanz eingebüßt. Sie steht heute als herausragendes Zeitzeugnis unter Denkmalschutz.

Nur wenige, die hier heute flanieren und sanieren, scheinen zu wissen, daß ihr Architekt ganz in der Nähe ein angesehenes Büro betreibt. Sein Rat hätte gut gemeinter Instandsetzung und Farbgebung Originalität zurückgeben können, wie es einfacher in der Denkmalpflege kaum möglich ist.

Die alten unzerstörten Gebäude und moderne Häuser harmonieren in der Borsbergstraße.

Den Lebensmittelladen, Borsbergstraße 19 b, gründete Hermann Meyer 1933. immer war das Geschäft bekannter Treffpunkt für Kunden aller Schichten. Die gesamte Zeit des Bestehens stellte unterschiedliche Herausforderungen an die Besitzer, die im Dienste der Kunden gelöst wurden. Altersbedingt schloß das kleine Fachgeschäft 1996. Statt Lebensmittel werden in ihm nun Textilien verkauft.
Auch nebenan die Eisenwarenhandlung von Robert Baumgärtel, seit 1898 am Platz, gibt es nicht mehr. Nach der Wende zog der Laden ein Stück weiter in die Mosenstraße und blieb dort bis zum Tode des Besitzers 1997.

Morbider Charme

Wieviel Zeit hatten Häuser, wie die Haydnstraße 18, noch, um in Schönheit zu sterben? Fünf Jahre, zehn, zwanzig? 1997 wurde der Gründerzeitbau mit großer Sorgfalt saniert.

Niederwaldstraße 20

Haydnstraße 18

Im Laub von Efeu und wildem Wein, hinter dem Grün hundert Jahre alter Alleen, waren Striesens Häuser auch in der Endzeit der DDR noch schön anzusehen. Verfall hatte seinen eigenen, elegischen Charme. Fielen die Blätter, wurde die Not offenbar: Leck waren die Dächer, undicht die Fenster; es bröckelten die Fassaden, hinter denen die alten Versorgungsleitungen zusammenbrachen.

Materialmangel, fehlende Handwerker und Bürokratie waren die Windmühlenflügel, gegen die Hausbesitzer oft bis zur Erschöpfung und meist ergebnislos ankämpften. Aber auch am Kauf der großen Mietvillen hatte keiner Interesse, höchstens die Stadt nahm sie in Verwaltung oder für ein Handgeld in Besitz. Für die Bewohner wechselten dann die Ansprechpartner, sonst änderte sich in der Regel nichts.

Glasewaldstraße 49

Niederwaldstraße 3

Ihre Wohnungen sanierten viele Mieter selbst. Wenn es tropfte, flickten sie Leitungen oder Dächer. In einigen Häusern setzten die Bewohner Treppenhäuser und Fassaden instant. Manchmal nahmen sich Betriebe auf der Suche nach Wohnraum für die Belegschaft eines »Würfels« an. Man schloß Kommunalverträge mit der Stadt und machte mit werkseigenem Material, Betriebshandwerkern und künftigen Mietern das Haus zu einem Schmuckstück, das sich glänzend aus der Masse hob. Die Niederwaldstraße 14, die Löscherstraße 8 oder die Merseburger Straße 2 a kamen so wieder zu alter Schönheit, deren Entstehen die Presse von der ersten Unterschrift bis zur Schlüsselübergabe feierte. Als lichte Inseln standen diese Häuser im grauen Meer, über das die Journalie kaum, höchstens zwischen den Zeilen berichten durfte.

Bergmannstraße 23

Niederwaldplatz 2

Niederwaldstraße 37

Wittenberger/Altenberger Straße im Wendejahr 1989

Vom Industrieviertel zur Konkursmasse

Bergmannstraße 23. Hier raucht kein Schornstein mehr. 1998 wurde aus der Fabrik ein Wohnhaus.

Bald nach dem Zusammenbruch der DDR 1989 wurden viele der früher hoch geachteten Fabriken und Werke Striesens, wurde manch traditionsreiche kleine Hinterhofwerkstatt zur Konkursmasse. Plötzlich zeigte die schöne neue Welt ein Gesicht, das die Menschen bis dahin nur aus Büchern und Geschichten kannten: Arbeitslosigkeit und Angst davor gingen um.

Kaum zwei Jahre dauerte es, bis aus der einst weltbekannten Industrielandschaft südlich der Schandauer Straße eine Geisterstadt geworden war. Pentacon, die Kino- und Kamerawerke, schlossen und mit ihnen die Zulieferbetriebe. Hochqualifizierte Mitarbeiter verloren ihren Arbeitsplatz. Besonders die Älteren haben kaum wieder Chancen auf ein Berufsleben.

Die bauliche Hülle der Ernemannwerke beherbergt heute die Technischen Sammlungen der Stadt Dresden mit Ausstellungen aus der Geschichte der Fotografie, der Schreibmaschinen, mit Rechnern und mechanischen Musikinstrumenten. In einem anderen Teil, dem »Film- und Medienzentrum«, arbeiten verschiedene Initiativen und Vereine. Beide Nutzungen sind nur eine Erinnerung an einstmals großen Glanz. Der alte »Ernemannbau« ist Bürohaus der Stadtverwaltung Dresden.

Viel Leerstand blieb. Abrisse fanden statt. Im Haus des VEB Dresdner Chemischreinigung, dem Nachfolgebetrieb der großen Wäscherei von Märksch auf der Schandauer Straße, hat der ADAC seine Büros. Der einstige VEB Herrenmode auf der Bärensteiner Straße entließ einen großen Teil seiner Belegschaft und teilt sich das Haus mit anderen Büros und Handelseinrichtungen. Im VEB Gerätebau kann man heute chinesisch essen. Im Hochhaus des VEB Maschinenbauhandel an der Spenerstraße werden Billigmöbel verkauft.

Lichtblick ist die »f6 Cigarettenfabrik«. Die Belegschaft fand einen Partner, der Ernst mit dem Erhalt des Standortes, mit Sanierung und dem Ausbau der Produktion machte. Heute hat das Unternehmen mit seinen 500 Mitarbeitern und verschiedensten Lieferanten eine aussichtsreiche Zukunft.

Sprengstoff und Abrißbirne
Anfang 1995 war der Verkauf des Pentacon-Geländes perfekt. Vom Frühjahr bis Herbst regierten Sprengstoff und Abrißbirne zwischen den einstigen Produktionsstätten. Nur der wegen seiner großen Glasfenster »Aquarium« genannte denkmalgeschützte Industriebau aus den Jahren 1938–40 blieb im wesentlichen erhalten und wurde zum Bürohaus. Von dem für Ende 1997 als bezugsfertig angekündigten »Forum Striesen« mit Gewerbe, Läden, Wohnungen und Büros auf den frei gewordenen Flächen war bei Druck der Broschüre noch nichts zu erkennen.

Freud und Leid neuen Bauens

Behrischstraße 22

Und ein zweites Gespenst ging um. Die Angst um die gewohnten vier Wände. Hundert Jahre nach ihrer Bebauung zeigte sich, daß die Striesener Flur ein zweites Mal Gold wert war. Die Kraft der DDR hatte nicht gereicht, Striesens aufwendige Bauten zu erhalten. Sofort nach der Wende drängten finanzkräftige Investoren aus dem Westen in den Ort und streckten ihre Hände nach den schäbig gewordenen Häusern aus. Redliche Käufer waren darunter. Abenteurer und Spekulanten gingen auf Schnäppchenjagd. Sie hatten nicht selten einfaches Spiel bei so manchem alt gewordenen, der Markwirtschaft, ihren Gesetzen, Gepflogenheiten und Preisen kaum kundigen Dresdner Hausbesitzer.

Ermelstraße 13

Es wurden Grundstücke und Häuser aufgekauft, gewinnbringend weiterverkauft und wieder verkauft. Bau- oder Sanierungspreise erreichten so astronomische Höhen, die Mieten auch. Zwanzig und mehr Mark für den Quadratmeter wurden in Striesen bis etwa 1993 durchaus übliche Mietpreise.

Fünf Jahre später hat sich der Markt normalisiert. Ab 12 Mark pro Quadratmeter sind in den Würfelhäusern herrschaftliche Wohnungen zu haben. Striesens Wohnungsgenossenschaften bieten sanierte, freundliche Wohnungen mit großzügigen Grünflächen zu akzeptablen Preisen an. Nach und nach werden die zahlreichen Häuser der Südost-Woba saniert. Auch hier sind Wohnungen sozial verträglich zu haben.

Eisenacher Straße 24

Außerhalb solcher Inseln geht die neue Gründerzeit in Striesen einher mit einer in der Geschichte des Stadtteils bisher nicht dagewesenen Bevölkerungsumschichtung. Die einen flüchten vor Verfall, den ungeklärte Eigentumsverhältnisse, vielleicht auch heimlicher Abbruchwunsch des Besitzers mit sich bringen. Andere werden mit gesetzlichen oder auch unfairen Mitteln aus ihren Häusern gedrängt. Viele können die in der zentrumsnahen wie grünen Lage im Vergleich zu anderen Stadtteilen hohen Mieten nach Sanierungen auf Dauer nicht aufbringen. Wieder andere locken hohe Abfindungen, die bei Auszug vor der Sanierung herrschaftlicher Häuser winken. Zu DDR-Zeiten war es üblich, Jahrzehnte, manchmal ein Leben lang im selben Haus zu bleiben. Zehn Jahre nach der Wende gibt es im Gebiet vermutlich keine Klingelleiste, die noch alle Namen von 1989 aufweist.

Augsburger Straße 44 und 46
Aus den Häusern zogen zu DDR-Zeiten die Mieter. Hoffnung auf Instandsetzung hatte keiner. Eines Tages kamen doch die Bauleute. Es ging voran. Sogar Badewannen wurden angefahren und abgestellt … Damit endete die Energie. Halbfertig blieben die Häuser stehen. Wind, Schnee und Regen taten ihr Werk. Diebe freuten sich über die damals kostbaren Sanitäreinrichtungen. Ein in der gegenüberliegenden Kneipe geplanter Mord geschah in den Ruinen … 1994 wurden sie abgerissen. Das Neue hat mit dem Alten nichts zu tun.

Kyffhäuserstraße 1995 und 1998
Ein so kleines feines Haus »rechnete sich nicht« in Striesen

Warten auf den Balkon
Ohne Angst vor Willkür leben die Mieter in den zahlreichen Striesener Häusern der Wohnungsgenossenschaft Johannstadt. Viele haben die Häuser nach dem Krieg über Jahre, Monate, Wochen selbst mitgebaut. Die Mühen und Entbehrungen verbanden die Menschen schon lange vor dem ersehnten Einzug. Danach fand das ganze Leben hier statt. Kinder kamen, wuchsen heran, zogen aus, viele wieder in ein Haus der Genossenschaft. Mit den Mietern wurden die Häuser alt. Nun freuen sich die Genossenschaftler über frische Wohnungen. Unbilden bei der Sanierung ertragen die meisten mit Kopfschmerzen, Gelassenheit und Humor … Aber da kommt er ja schon, der neue Balkon.

Häuser in der Wittenberger und Dornblüthstraße:
Historisierte Gebäude entsprechen dem Mietergeschmack

Das Baugeschehen lief in Striesen seit 1990 in verschiedenen zeitlichen Stufen ab. Zuerst wurden vor allem freie Grundstücke bebaut. Dann kam die Phase, in der Abrisse zugunsten größerer Neubauten dominierten. Als diese Broschüre entstand, wurde in bisher nicht dagewesenem Umfang saniert. Nach der Jahrtausendwende wird es kaum noch Häuser mit blätterndem Putz im Stadtteil geben.

Modernes Bauen an der Glasewaldstraße

Spenerstraße
Ebenerdige Terrassen sind fremd im Wohngebiet. Wer lebt schon gern auf dem Gehweg?

Wohnung mit immer wieder neuen Mietern. Und sie blieb Besitzerin in all den Jahren der DDR, als ein großes Haus nur Last und fast unmöglich mit privater Kraft zu erhalten war. Schäbig geworden und doch gut in der Substanz, überstand die Krenkelstraße 7 die fünf Jahrzehnte.
Nach 1989 wurde die verblichene Schöne auf einmal wieder begehrt. Bewerber kamen und ließen die Münzen klingeln. Erhört wurde nicht der Kaufinteressent, der das meiste

Deckengemälde im Entree, Sinnbild der Fruchtbarkeit. Auf einem mit Trauben und Fruchtgirlanden geschmückten Thron ruht eine weibliche Figur mit vier Kindern, im Hintergrund ist eine südliche Landschaft angedeutet.

Ein Bauunternehmer aus der Borsbergstraße baute 1907 das Haus in der Krenkelstraße 7. Dem »Dresdner Adreß- und Geschäftshandbuch« von 1908 zufolge vermietete er es an höhere Beamte und wohlhabende Witwen und zog selber in die dritte Etage. In der Wohnung im Keller lebte eine Arbeiterfamilie.
In den zwanziger Jahren erwarb den schönen Jugendstilbau ein Dresdner Kaufmann und richtete sich mit seiner Familie in der ersten Etage ein. Das Haus überstand den Krieg. Aus der einstmals vornehmen Adresse wurde eine Massenunterkunft. Die Tochter des Kaufmanns blieb trotzdem, teilte Jahrzehnte die

bot, sondern einer, der das Vertrauen der lebenserfahrenen Besitzerin gewann. Mit großem Verständnis für das Haus und sein Umfeld, mit Sorgfalt und Liebe zum Detail verlief die Sanierung. Nun wohnen alle zufrieden unter einem Dach: die alte Besitzerin, der neue Eigentümer, die Architektin zog ein. Der Gartengestalter und zwei weitere Familien leben in dem Haus. Im Erdgeschoß rechts ist ein Büro.

Sickingenstraße 3
Das Haus wurde 1997/98 saniert.

Das Entree als Visitenkarte
Die Häuser der Gründerzeit besaßen in der jungen Vorstadt oft eine künstlerisch und kunsthandwerklich bedeutsame Ausstattung. Besonderen Wert legten die stolzen Besitzer auf die Gestaltung der Eingangstüren und Vestibüle. Farbige bleigefaßte oder geätzte Verglasungen, Fußbodenfliesen, Stuckdekor, Malerei empfingen die Eintretenden. Spätere nüchterne oder auch ärmere Generationen hatten andere Schönheitsvorstellungen. Spätestens in den fünfziger Jahren wurde die Gründerzeit mit ihrer Kunst zum Sinnbild für Staub und Kitsch. Mit Farbrollen und Meißel wurden klare Flächen geschaffen. Heute findet man die Ausstattungen aus der Entstehungszeit wieder schön oder als Zeitzeugen erhaltenswert und restauriert sie liebevoll.

Flur des Wohnhauses Wittenberger Straße 62
Üppig mit Malerei, Stuckdekor und schönen Ornamentfliesen ausgestattet ist der Eingangsbereich. Gestalterischer Höhepunkt ist das Deckengemälde – eine junge Frau, die auf einer von Putten bewegten Schaukel vor dem Himmel schwingt. Apfel- und Fliederblüten ragen in das Bild. Blumen- und Blattornamente bilden den Rahmen. Deutsche und holländische Landschaften regten den Maler zu den vier Bildern an den oberen Seitenwänden an.

Reise nach Arkadien
Spannend, einer Reise voller Entdeckungen gleich, ist die Wiederherstellung der Striesener Häuser. Böse Überraschungen gibt es, wenn Verfall und Schwamm sich weiter fraßen, als gedacht. Oft aber kommen wundersame Welten ans Licht. Unter den kundigen Händen der Restauratoren, unter Öl-, Latex- und Leimfarben treten verlorene arkadische Landschaften, Göttinnen, Tiere und Blüten hervor. Noch vieles schlummert hinter alten Wänden.

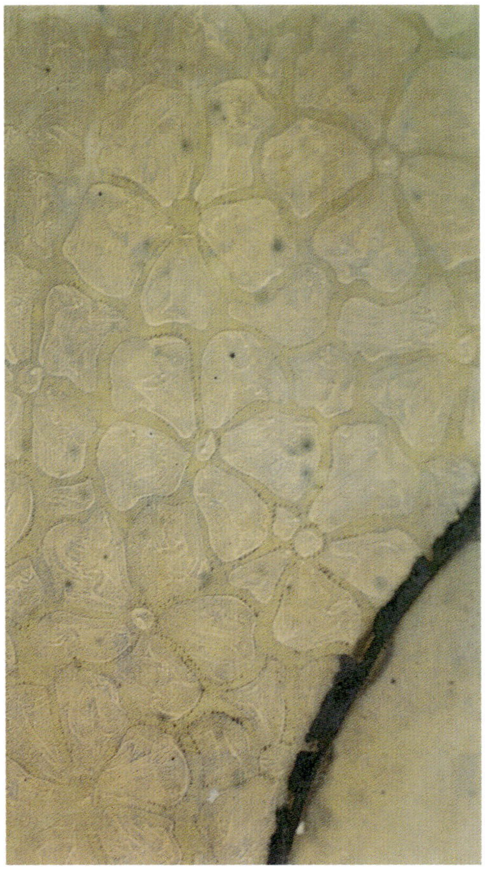

Freilegungsarbeiten in der Eisenacher Straße 25
Nach Entfernung einer Farbschicht aus der Zeit um den Zweiten Weltkrieg (Foto oben) und einer stark farbigen Dekoration, vermutlich aus den zwanziger Jahren, haben Wand und Decke ihr Geheimnis preisgegeben.

Willst du das Leben genießen …

»Willst Du das Leben genießen, so zieh nach Striesen«. Der Slogan kursierte zur Jahrhundertwende, als Käufer für freie Grundstücke und Mieter für neue Häuser gesucht wurden. Heute wollen die einen hier wohnen, hier und nirgendwo anders. Andere wollen nichts wie weg. Dazwischen leben ruhig die Gelassenen.

Für die ersten stimmt der alte Spruch, für die zweiten nicht. Das hängt von der Mentalität, von Genuß- oder Leidensfähigkeit ab. Und die schwanken selbst im selben Menschen manchmal sehr. Mal möchte man wegrennen, wenn im Sommer die staubige Luft in den Straßen steht, vor der Überhitzung, die Bebauung und Versiegelung von Hof- und Gartenflächen mit sich bringen. Dann wieder machen in dieser zweiten Striesener Gründerzeit Baukrach und -dreck fix und fertig. Endlich fallen am Nachbarhaus die Gerüste. Man atmet auf, ist froh. Am nächsten Morgen rücken die Bagger im Garagengrundstück gegenüber an … Wieder ein Jahr für Menschen mit Nerven aus Stahl. Doch wer hat die schon?

Dann wieder hat man Frieden mit seiner Gegend geschlossen oder vielleicht gerade ein dickeres Fell. Da freut man sich an den alten Bäumen, an schön Saniertem, an den guten Einkaufsmöglichkeiten, am neuen Balkon. Man trifft sich in der Kneipe, im Gesangs- oder Schützenverein. Man möchte nirgendwo anders sein.

Der älteste Striesener Verein, der 1881 gegründete »Männerchor Striesen«, ist seit langem eine feste Instanz im Musikleben Dresdens und seiner Umgebung. Volks- und Kunstlieder, Sänger- und Trinksprüche, Opernchöre und moderne Gesänge haben die 30 Herren und ihre Dirigentin im Repertoire. Chorproben finden jeden Dienstagabend im Gemeindesaal der Versöhnungskirche statt. Weitere sangesfreudige Männer sind immer willkommen.

Stadtteilfest mit dem Vereinigten Posaunenchor der Thomas- und Versöhnungskirche, mit Theater, Tanz, Kinderbelustigung und den Striesener Händlern

Sanierung von denkmalgeschützten Häusern in Dresden

Barbarossaplatz 3

Ihr Bauträger für schönes Wohnen

Wir sind ein Dresdner Bauträgerunternehmen, das sich auf die Restaurierung und Sanierung historisch wertvoller Wohnbauten spezialisiert hat. USD steht für »Unser schönes Dresden«. Die Achtung vor der Geschichte, die Freude an zeitüberdauernder Schönheit, das Gespür für das Original – diesen Werten fühlen wir uns verpflichtet. Stil, Ästhetik, höchstwertige Qualität und Ausstattung werden zu einem attraktiven Preis realisiert.

Wir verkaufen Eigentumswohnungen und vermitteln deren Vermietung. Als ortsansässiges Unternehmen mit einheimischen Mitarbeitern verfügen wir über genaueste Kenntnisse des Immobilienstandortes Dresden und beste Voraussetzungen zur Kundenbetreuung auch nach einem Immbilienerwerb.

Die Liebe zur Arbeit bestimmt unser Handeln. Qualität, Abwicklung und Betreuung – wir weisen beste Referenzen aus.

USD Immobilien GmbH
Beilstraße 23 · 01277 Dresden
Tel. (03 51) 257 09 10 · Fax (03 51) 257 09 12
Internet: www.usd-immobilien.de
e-mail: info@usd-immobilien.de

Voglerstraße 19

Augsburger Straße 88

Niederwaldstraße 10

Weitere Details dieser Villa finden Sie auf den Seiten 34 und 58

Löwenkopf Palais

Das LÖWENKOPF-PALAIS im Stadtteil Striesen wurde um 1895 im Stil der Empire-Architektur errichtet. Typisch für die Zeit des Historismus war der Wunsch, dem eigenen wirtschaftlichen Erfolg ein unmißverständliches Zeichen zu setzen. Das LÖWENKOPF-PALAIS ist dafür ein hervorragendes Beispiel, obwohl seine Erbauer unbekannt, im Dunkel der Geschichte bleiben. Unterlagen, die Aufschluß geben könnten, wurden in den Staatsarchiven nicht gesammelt. Von alters her wurde das LÖWENKOPF-PALAIS im Volksmund in Dresden die »Millionenvilla« genannt. Das Palais wird zur Jahrtausendwende wieder in neuem Glanz erstrahlen.

»Unser schönes Dresden«

Unrestaurierter Originalbestand

Lichtkuppel im Treppenaufgang

Treppenaufgang

Springbrunnen im Foyer

Quellen und Literatur (Auswahl)

Archiv der Versöhnungskirche

Archiv der f6 Cigarettenfabrik Dresden GmbH

Archiv der Technischen Sammlungen Dresden

Arlt, Theodor, Striesen 1813. In Bl. f. d. Erlöserkirchgemeinde zu Dresden, 1913

Denkmalschutzamt Dresden, Weise und Treuner. Denkmalpflegeplan Dresden-Johannstadt und Dresden-Striesen

Die Erlöserkirche zu Dresden, 1880–1930, Festschrift zur Feier des 50jährigen Kirchweihjubiläums

Festschrift zur Einweihung der Versöhnungskirche Striesen, Dresden-Striesen 1909

90 Jahre Schulstandort Dresden-Striesen, Förderverein Gymnasium Striesen e.V., 1997

40 Jahre Wohnungsgenossenschaft Johannstadt eG, Wohnungsgenossenschaft Johannstadt eG, 1997

Bergmann, Heinz: Aufzeichnungen zur Geschichte von Striesen, 1998 (Manuskript)

Mitteilungen des Landesvereins Sächsischer Heimatschutz 6 (1917): Der Windmühlenberg bei Striesen

Dresdener Volkszeitung Nr. 40, 1929. Alt-Striesen, Aus der Geschichte eines Vorortes

Dresdener Nachrichten 1942, Nr. 166 – Vom Bauerndorf zum Großstadtteil, 50 Jahre Vorstadt Striesen

Hummel, Richard, Kalendarium zur 150jährigen Geschichte des Dresdner Kamerabaus, Leipzig 1992

Dresdner Spar- und Bauverein, Festschrift zur 40jährigen Jubelfeier

Reintzsch, Irene, Zur Geschichte der Dresdner Zigarettenindustrie, Leipzig 1994

Weiterhin wurden gesichtet und ausgewertet:

Stadtlexikon Dresden A–Z, Verlag der Kunst Dresden–Basel, Autorenkollektiv

Wohnungs- und Geschäftshandbücher für Striesen und Dresden 1883–1944

»Mitteilungen des Verbandes ehemaliger Schüler des Freimaurerinstituts zu Dresden« 1928–1945

»Dresdner Anzeiger« 1884–1941

»Der Freiheitskampf« 1934–1939

»Die Union« 1955–1989

»Dresdner Neueste Nachrichten« und »Sächsische Zeitung« 1993–1998

»Dresdner Hefte« Nr. 45, 31, 49

Fotonachweis

Archive und Sammlungen
Hiltscher, Gerd, Ortsgeschichtliche Sammlung Striesen: S. 9 o.l., S. 9 u., S. 12 m., S. 17 m.r., S. 20 (3), S. 22 o. (2), S. 22 m., S. 24 o., S. 27 u. (2), S. 29/30, S. 32 o., S. 33 o.l., S. 36 m., S. 37 o.l., S. 42 o.r., S. 42 m., S. 44

Rat der Stadt Dresden
Stadtarchiv: S. 49 o.
Stadtplanungsamt: S. 6, S. 13, S. 18 o., S. 36 o., S. 46, S. 47 o., S. 48, S. 49 u. (2), S. 50 o., S. 53 m., S. 54 o. (2), S. 63 o.l. (2)
Stadtmuseum: S. 12 o., S. 24 m., S. 32 u.r., S. 33 o.r.
Denkmalschutzamt: S. 8 o., S. 12 u.
Technische Sammlungen: S. 42 l. (2), S. 42 o.l., S. 43 l.

f6 Cigarettenfabrik Dresden GmbH: S. 39 (6), S. 40 u. (4), S. 41 (4)
Herz-Jesu-Kirche Dresden: S. 22 u. (2)
Joseph-Haydn-Gymnasium: S. 54 u., S. 55 o.
Klügel, Gert: S. 7 u., S. 26 o., S. 27 o. (2), S. 28 m. (2), S. 28 u.l., S. 28 u.m.
Landesamt für Denkmalpflege: S. 7 o., S. 25 o. (2), S. 25 u.r.
Milde, Horst: S. 11 m.r., S. 14 m., S. 18 u., S. 19 u., S. 24 u.r., S. 26 m., S. 32 u.l., S. 33 m. (2), S. 33 u.l., S. 36 u., S. 37 o., S. 37 u.r., S. 40 o.
Sächsische Landesbibliothek, Deutsche Fotothek: S. 1, S. 31
Sächsische Landesbibliothek: S. 9 o.r.
Südost-Woba Dresden: S. 52 m.
Staatsbibliothek Berlin: S. 5
UNIPROF Aktiengesellschaft: S. 65 (2)
Verkehrsmuseum Dresden: S. 15 u.
Wohnungsgen. Johannstadt: S. 38 u.l.

Fotografen und Privatsammlungen
Kübler, Friederike: Titel, S. 2, S. 3 (3), S. 14 u. (2), S. 16 (3), S. 17 (4), S. 23 (4), S. 25 u.l., S. 26 u., S. 27 m., S. 28 o. (2), S. 28 u.r., S. 34/35 (14), S. 38 o. (3), S. 38 u.r., S. 43 o., S. 50 m. (2), S. 56 u.l., S. 57 (3), S. 58 o. (2), S. 58 u.l., S. 59 u., S. 61 (3), S. 62 o.r., S. 63 u., S. 64 u.l., S. 70 o., S. 72/73
Bergmann Heinz: S. 55 u.
Bunzler, Joachim: S. 66 (4)
Ermer-Menzer, Ruth: S. 45 o.
Grassnickel, Peter: S. 64 (5)
Hempel, Gisela: S. 64 o.r., S. 67 (5)
Herzog, Heinz: S. 14 o., S. 15 o., S. 32 m., S. 33 u.r., S. 45 u. (2), S. 53 o., S. 53 u.
Dr. Fiedler, Alfred: S. 10 m. (2), S. 11 m.l., S. 11 u.r.
Günther, Andreas: S. 68 (2)
Günther, Marian: S. 69 (2)
Günther, Rolf: S. 43 r.
Löbel, Friedhard: S. 51 o., S. 62 u. (2)
Märksch, Mathias: S. 37 u.l.
Mosch, Lutz Jochem: S. 8 u. (2), S. 10 u., S. 10 o., S. 11 o., S. 24 u.l., S. 58 u.r., S. 59 o., S. 63 o.r.
Rous, André: S. 19 o., S. 21 (3)
Rüger, Margarete: S. 51 u. (4)
Schomer Gertrud: S. 52 o. (2), S. 52 u.
Schumann, Wolfgang: S. 37 m. (3), S. 50 u.
Schulze, Kristina: S. 62 o.l. (2), S. 62 m. (2), S. 63 m. (2)
Seyfarth, Peter: S. 56 r. (2)
Simon, Wolfgang: S. 60 (3)
Troschütz, Marianne: S. 47 u. (2)
Weise, Wolfgang: S. 11 u.l.

Nicht aufgeführte Anzeigen:
Striesener Adreßbuch von 1883

Impressum

© Dezember 1999
2. veränderte Auflage
Michel Sandstein
Grafischer Betrieb und
Verlagsgesellschaft mbH
Fiedlerstraße 4
01307 Dresden
Telefon (03 51) 44 07 80

Herausgeber
Umweltzentrum Dresden e.V.
Schützengasse 16–18
01067 Dresden
Telefon (03 51) 494 35 00
IG Striesen
über Gerd Hiltscher
Wittenberger Straße 96
01277 Dresden

Konzeption, Recherchen, Redaktion, Sponsoring, Anzeigen, Öffentlichkeitsarbeit
Annette und Jenni Dubbers

Recherchen, Aufbau einer »Ortsgeschichtlichen Sammlung Striesen«, Anzeigen
Gerd Hiltscher

Fachberatung und Unterstützung bei der Bildrecherche
Stadtplanungsamt Dresden

Gestaltung
Norbert du Vinage

Satz und Reprografie
Michel Sandstein
Grafischer Betrieb und
Verlagsgesellschaft mbH Dresden

Druck
Stoba-Druck GmbH, Lampertswalde

Buchbinderische Verarbeitung
Röderaue Broschüren GmbH,
Lampertswalde

Titelfoto: Eisenacher Straße 26
S. 72: Eisenacher Straße 24

ISBN 3-930382-25-3